新しいマンション評価方法をわかりやすく解説!!
相続対策や遺言の見直し、
自社株評価への影響についても言及!!

「マンションの相続税評価」

改正ハンドブック

税理士法人 山田&パートナーズ
山田コンサルティンググループ(株)

編著

一般財団法人
大蔵財務協会

目　次

はじめに

第1章　どうして「マンション」の相続税評価方法が改正されたの？

1　今までの「マンション」の相続税評価、何が問題だったの？　　2
　コラム　いい節税と悪い節税？？　　5
2　時価1億円の「戸建て」と「マンション」、相続税評価額はどっちが低い？
　～答え：「戸建て」は6,000万円、「マンション」は4,000万円～　　6
　コラム　宅地と建物の相続税評価額の求め方…「従来の算式で求めた相続税評価額」　　10

第2章　新しい「マンション評価方法」をざっくり理解しよう

1　「マンション」の相続税評価額の最低水準を「戸建て」並みに「時価の6掛け」としよう　　14
2　「時価」の代わりに「市場価格理論値」なるものを決めよう　　15
3　「市場価格理論値」との乖離が大きいか小さいか　　20
4　「市場価格理論値の6掛け」に追いついているマンション、追いついていないマンション　　21
5　「市場価格理論値の6掛け」に追いついていないマンションは「6掛け」まで評価額をアップ
　～特に大幅アップとなるマンションの特徴は？～　　23
6　「市場価格理論値の6掛け」に追いついているマンション（評価乖離率：1～1.666）
　～評価額は上がらない～　　25
7　「市場価格理論値」を超えているマンション（評価乖離率：1未満）

i

～改正により相続税評価額が下がる～　　26
8　事例でみる「評価乖離率」に大きな差が出るマンション2つ
　　～「中古の低層超高級マンション」と「新築タワーマンション」～
　　27
9　所有しているマンションについて「影響ある？ない？」を早く知りたい！
　　～登記情報でわかります～　　31

第3章　いろいろなマンションの具体的事例で影響をみたい

1　ケーススタディ①：築年数による影響をみる
　　～敷地の広い低層マンションの場合～　　34
2　ケーススタディ②：築年数による影響をみる
　　～タワーマンションの場合～　　36
3　ケーススタディ③：総階数による影響をみる
　　～総階数5階・10階・20階・45階（所在階はすべて5階）の場合～
　　39
4　ケーススタディ④：所在階による影響をみる
　　～タワーマンションの場合～　　43
　　コラム　小規模宅地等の特例による評価減　　46

第4章　全国のマンションの具体的事例で影響をみたい

1　タワーマンション　　51
2　人気の地区にあるマンション　　53
3　全国20都市の事例紹介
　　～改正により何倍になるか～　　55
　　コラム　タワマンの歴史　　83
　　コラム　地方におけるタワーマンション事情　　86
　　コラム　マンション相続税評価方法改正と都市部マンション市況
　　89

コラム これからのタワーマンション投資　　90

第5章　今回のマンション評価方法の改正の対象とならないマンション

1　概要　　94
2　改正の対象となるマンションの判定　　94

第6章　新しい「マンション評価方法」を詳しく知りたい

1　「マンション評価方法」が改正された背景　　106
2　新しい「マンション評価方法」の概要　　107
3　「区分所有補正率」の算定
　～改正により評価額が「従来の相続税評価額」の何倍になるのか～
　109
　コラム 有識者会議の資料から見る敷地持分の面積と乖離の関係
　　115
　コラム 評価乖離率が零又は負数となる場合は相続税評価額ゼロ？
　　119
　コラム 新しい「マンション評価方法」で評価しても税務上否認される
　　ことがある　　130

第7章　登記情報を見て、国税庁HPで具体的計算をしたい

1　敷地権が設定されているマンション　　134
2　敷地権が設定されていないマンション　　140
3　国税庁の計算ツール　　142

第8章　相続・相続税についてやっておきたいこと

1　最初に現状把握をしましょう　　144

> コラム ▶「相続税額早見表」の見方　　154
2　自分のために残す財産　　156
3　家族に残す財産
　～贈与で渡すか、相続で渡すか～　　157
4　今回の改正の影響を受けてやるべきことがあるか？　　158
> コラム ▶ タワーマンションに関する固定資産税の改正（2017年度改正）　　160

第9章　非上場会社株式の相続税評価への影響

1　オーナー経営者等が有する自社株式の評価額「純資産価額方式」に影響する　　164
2　マンション評価の改正を受けて、気を付けるべきこと、やるべきこと　　166

◆編著者一覧　　168

はじめに

　「『相続税の税率が上がる、基礎控除が下がる』といった法律改正が行われたわけではないのに、2024年から相続税が増税になる、将来の相続税負担が、1,000万円、1億円増える」といったことが起きる可能性があるのが、今回の「マンション相続税評価方法の改正」です。

　行き過ぎたタワーマンション節税の対応措置としてマンションの相続税評価方法が改正されたイメージがあるので、「タワーマンションを持っている人だけに影響がある。私が所有しているのは普通の6階建てのファミリーマンションだから関係ない」「東京・大阪といった都市部の話、地方は関係ない」と思っている人も少なくないようですが、それは誤りです。東京のタワーマンション狙い撃ちの改正ではありません。全国のマンション（居住用の構造）の8割に影響があると言われています。評価方法の改正によりマンションの相続税評価額が従来の1.5倍、2倍、それ以上となり、その結果、相続税が1,000万円、1億円と増税になるケースもあるのです。また、従来は相続税がかからないケースでも、相続税評価額が大きく上がった結果、財産額が相続税基礎控除を上回ることになり、相続税がかかるようになることもあります。

　一方、改正の影響を受けない、すなわち、今回の改正では相続税評価額が従来と変わらないマンションもあります。

　つまり、今回の改正により、影響を受けるのか、受けないのか。影響を受ける場合はどのくらい相続税評価額が上がり、将来の相続税がどのくらい増えるのかをしっかり把握する必要があります。

　2024年1月1日以降の「相続」「贈与」から適用されています。今後、マンションを贈与しようかと考えている方、将来相続税がかかるか否かをご存知ない方、将来の相続に関して納税をどうするか、遺産分割をどうするかを既に考えている方、まだ考えていない方、等々、マンションを所有している方々に今回のマンション評価方法の改正を知っていただきたいのです。ですから、難しい勉強をしてくださいとは申しません。一般の方々に「なるほど、そうか」と思っていただくための本を書きました。また、全国の具体的な不動産の事例を沢山紹介して、地方に居住なさっている方、

地方にマンションを所有している方々にも身近に感じていただけるように工夫しました。

① 所有しているマンションは、今回の改正を受けて「相続税（贈与税）評価額」が上がるか否か。上がるとしたらどのくらいか（1.2倍、1.5倍、2倍…）？
② 相続税評価額が大きく上がった結果、新たに相続税がかかるようになることもある。それに該当しないか？
③ 相続税評価額が大きく上がる場合、将来の相続税の納税に心配はないか？
④ 相続税評価額が大きく上がる場合、既に作成してある「遺言」のままでよいか？　一部修正の必要はないか？

この機会に、ご自身の財産の相続税（贈与税）評価額と将来の相続税額を把握し、その納付方法や遺産分割の方向性等を考えていただき、その上でやるべきこと（遺言作成・納税対策等）を実行し、あとは「相続問題」は忘れて心穏やかな生活を存分に送っていただきたいのです。

＜オーナー経営者のみなさん＞

今回の改正は、非上場会社のオーナー経営者が所有している「自社株評価額」にも影響します。会社がマンション（居住用の構造）を所有していれば、「純資産価額（資産・負債の時価、相続税評価額に基づき算出）」に影響します。事業承継対策の見直しが必要かもしれません。自社株の贈与、相続は経営問題です。急ぎ、その影響と対策の検討を進めてください。

本書が多くの皆さまのお役に立てれば幸いです。

2024年10月
編著者

第**1**章

どうして「マンション」の相続税評価方法が改正されたの？

1　今までの「マンション」の相続税評価、何が問題だったの？

(1)　相続税がかかるか否か、相続税がかかる場合の税額は？

　相続税は、亡くなった人について、亡くなった時の資産額（財産－負債）が一定金額（相続税基礎控除）を超えた場合に、超えた部分にかかります。基礎控除は「3,000万円 ＋ 600万円 × 法定相続人の数」で計算し、相続人が１人ならば3,600万円、２人ならば4,200万円、３人ならば4,800万円を超えると相続税がかかります。2022年では全国で亡くなった人のうち9.6％の人に相続税がかかりました。まずは、自身について相続税がかかるか否か、その見極めが大切です。

　自身の資産（財産－負債）が相続税基礎控除を超える場合は、相続人が負担する相続税額がどのくらいか、それは現預金等で払えるか？　相続税は相続発生後10カ月以内に申告し納税しなければならないため、税額の把握と納税についてあらかじめ押さえておくことが大切です。

(2)　そのために必要な「財産評価ルール」

　まず必要なのが、資産額の把握です。相続税において財産は「時価」で把握することが原則です。現預金・上場株式等は時価（金額）がすぐにわかります。では、不動産は？　戸建ての時価は？　マンションの時価は？　不動産の「時価」の把握は簡単ではありません。実際に売りに出してみないとわからないし、鑑定評価額を専門家に依頼するには手間もコストもかかります。そこで「宅地」「建物」それぞれ評価ルールが決められています。「財産評価基本通達」というルールです。相続税は、税務署から○○円を納税しなさいと通知が来るのではなく、相続人が申告の要否を判断し、必要な場合は自ら申告して納税する「申告納税方式」をとっていますから、誰でも評価ルールに基づき簡便に資産を評価し税額を計算できるようにしているわけです。

(3)　財産評価ルールは「割り切りの産物」でもある

　人が決めた評価ルールですから万能ではありません。また、税金をかけるための評価額ですから、時価よりも評価額が高くならないように内輪に

第1章　どうして「マンション」の相続税評価方法が改正されたの？

なるように、との配慮も必要です。

　加えて、不動産の時価はさまざまな要素で決まります。欲しい人が沢山いれば高くなり、人気の高いエリアの物件はどんどん値上がりする、といったことが起きます。それに細かく対応できるような評価ルールを作ることは現実的に厳しく、いろいろ配慮した上での「割り切りの産物」という側面もあります。

　ということで、不動産の時価に対して「財産評価ルール」で求めた相続税評価額がどのくらいの水準になるかは、地域・物件によってさまざま。同じ時価1億円の不動産であっても、物件によって、その相続税評価額が8,000万円だったり、6,000万円だったり、4,000万円だったり、ということが現実に起きるのです。

(4)　遺産…現金1億円、それとも、タワーマンション時価1億円？

　同じ時価の財産を持つならば、そして相続税のことだけを考えるならば、「時価1億円、相続税評価額も1億円」の財産ではなく、「時価1億円、だけど相続税評価額は4,000万円」という財産を持って相続を迎えたい、と考えるわけです。

　「現金1億円」を持って相続発生となると、相続税を計算する際の評価額は1億円。これに対して、「時価1億円、（財産評価ルールに基づき計算した）相続税評価額4,000万円の不動産」を持って相続発生すれば、相続税を計算する際の評価額は4,000万円。同じ財産時価1億円でも相続税額はずいぶん変わります。

　自身がどのような財産を持つかは全く自由ですが、明らかに相続税節税だけを狙ったような不動産購入が横行。具体的には、高齢の方が亡くなる直前に借金して不動産を購入し、相続発生後間もない時期に、相続した子どもがその不動産を売却している、それにより節税となった相続税が多額、といったケース等です。

　借金も活用し、このような不動産投資ができる人の相続税が激減するのは、課税上公平でない、と課税当局は考えます。

　また、昨今、都市部のタワーマンションについて人気が人気を呼び値上がりしており、結果、時価に比べ相続税評価額がかなり低くなっている実

3

態もあります。
　このような状況を受けて、「(分譲)マンション一室」に関して相続税の財産評価ルールが改正されたのです。

第1章 どうして「マンション」の相続税評価方法が改正されたの？

コラム いい節税と悪い節税？？

　自身の責任のもと、どのような資産を持つかは全くの自由です。そして、相続税の計算や財産評価ルールを正しく理解し、「時価よりも相続税評価額が低い財産」を持って相続税を減らそう、と考え実行すること自体は問題ではありません。必ず「時価＝相続税評価額」とはならない評価ルールですからね。

　「いい節税」、これは、本人の意思で本人の責任で行うもの。そして、相続税を減らすことだけでなく、資産づくりとして総合的に検討し行うものです。すなわち、賃貸用不動産を取得し、その賃料収入で安定的な生活を送りたいとか、離れて住む子どもに住まわせるため、等々、ライフプランをしっかり考えてください。一方、不動産を購入し相続税は減らせたが、その不動産が大きく値下がりしてしまった、とか、その不動産をめぐって子どもたちが相続争いをした、といった事例は困りものです。

　「悪い節税」、例えば、ご本人は超高齢のため意思決定の判断能力に疑義があり、家族が主導して相続税を減らすために不動産を購入した、とか、相続税を減らすことだけが目的で、無理な借金をして不動産を購入し、相続発生後すぐに売却し借金を返済する、とか。このような事案は、相続税の税務調査で「相続税の評価ルールを適用することは適切でない」として、評価ルールの適用を認めず、原則に戻って「時価（鑑定評価額等）」を用いて相続税を計算させる、ということが起きます。

　納税者がこれを不服として裁判に持ち込み、最高裁判所で納税者が負ける事案も出てきました。

2 時価1億円の「戸建て」と「マンション」、相続税評価額はどっちが低い？
～答え：「戸建て」は6,000万円、「マンション」は4,000万円～

(1) 不動産は「時価＞相続税評価額」

　不動産の場合、評価ルールに基づき相続税評価額を計算すると、「時価＝相続税評価額」とはなりません。相続税は資産にかける税金ですから、「たぶんこれぐらいで売れるであろう」といった金額で評価して税金を課すことはそぐわないため、評価の安全性が求められ「時価＞相続税評価額」となるのです。

　問題は、「時価」と「相続税評価額」にどのくらいの差（乖離）があるか、です。

(2) 時価1億円の「戸建て」と「マンション」、相続税評価額が低いのは…

　時価1億円の「戸建て」と、時価1億円の「マンション」。相続税評価額はどちらが低いでしょうか？

　もちろん、物件によって異なります。その不動産について評価額を求めなければわかりません。しかし、一般的にいって「マンション」の方が相続税評価額が低い実態があります。

　今回の評価ルール改正に先立ち組成された「有識者会議」での調査によると、「戸建ては市場価格の6割程度」「マンションは市場価格の4割程度」という結果だそうです。「マンション」の方が、時価と相続税評価額の差（乖離）が大きいということです。そして、この「マンション」の時価と相続税評価額の大きな差（乖離）に着目した節税に対する措置として、「マンション一室」の相続税評価方法が改正されたのです。

第1章　どうして「マンション」の相続税評価方法が改正されたの？

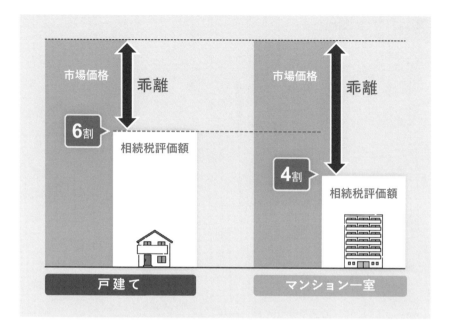

(3) 「マンション」の方が、「戸建て」に比べ、時価と相続税評価額の差（乖離）が大きい理由

　「戸建ては市場価格の6割程度」「マンションは市場価格の4割程度」と、「マンション」の方が「戸建て」よりも、時価と相続税評価額の差（乖離）が大きいのはなぜでしょうか？

　マンションの方が乖離が大きい理由は、「建物」と「宅地」の相続税評価額の求め方からきています。その求め方の詳細については10ページのコラムをお読みください。

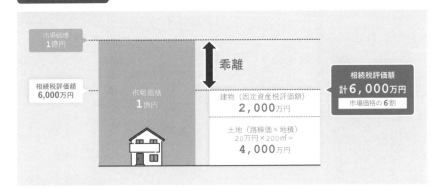

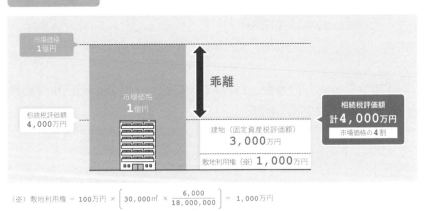

① 「建物」の相続税評価からの理由

「建物」の相続税評価額は「固定資産税評価額」を用います。「固定資産税評価額」は3年ごとに評価替えされ、新築後は、年の経過とともに「固定資産税評価額（相続税評価額）」は下がります。

日本の場合、「戸建て」の建物は、時の経過に応じて「時価」も「固定資産税評価額」も下がります。つまり、「時価」と「固定資産税評価額（相

第1章　どうして「マンション」の相続税評価方法が改正されたの？

続税評価額）」の差（乖離）はある程度のレンジに収まるわけです。

　一方、「マンション」の時価は、時の経過に応じて下落するとは限りません。中古マンションでも人気がある物件は値上がりもしますし、高騰する新築マンションに比べて格安ということで高値が維持される中古マンションもあります。

　また、同じタワーマンションの高層階と低層階では「マンション一室」の床面積が同じならば「固定資産税評価額（相続税評価額）」は同額ですが、人気の高い高層階の方が「時価」は高くなるようです。といういろいろな理由から、「マンション」の「時価」は建物の「固定資産税評価額」と連動しないケースが多く、「時価」と「相続税評価額（建物：固定資産税評価額）」の差（乖離）が大きくなりがちです。

　②　「宅地」の相続税評価からの理由

　市街地にある「宅地」の相続税評価額は「路線価」に基づき計算します。「路線価」は「公示価格（基準地について取引の目安となるもの、毎年3月に国土交通省から公表される）」の8割相当額といわれ、毎年改定されます。つまり「時価」に連動しているといっていいでしょう。

　「戸建て」の場合は、「路線価（1㎡当たりの金額）」に建物の敷地（宅地）、例えば200㎡といった地積を乗じて相続税評価額を求めます。

　一方、「マンション」の場合は、そのマンションの一室、例えば「2501号室」に付随する敷地（宅地）の相続税評価額を求めます。この付随する敷地（宅地）を「敷地利用権」といいます。まず、マンション一棟全体の敷地（宅地）について「路線価」をもとに相続税評価額を求めます。これに、「2501号室」に付随する敷地利用権の割合（例えば、1,800万分の6,000）を乗じて「2501号室」の敷地利用権の相続税評価額を求めます。高層のタワーマンションは室数が多く、一室に付随している敷地利用権の面積はとても小さくなります。つまり、タワーマンションが建つ地域の土地の時価が高くなり「路線価」が上昇しても、マンション一室の「敷地利用権（宅地）の相続税評価額」に対する影響は「戸建て」ほどではありません。「戸建て」の宅地面積に比べ「マンション一室」の敷地利用権の面積がとても小さいためです。これにより、マンションの「時価」と「相続税評価額（小さな敷地利用権の路線価評価額）」の差（乖離）が大きくなりがちです。

コラム 宅地と建物の相続税評価額の求め方…「従来の算式で求めた相続税評価額」

① 戸建て

「戸建て」の相続税評価額は、「建物」と「宅地」の相続税評価額の合計額です。

建物の相続税評価額は「固定資産税評価額」を用います。固定資産税評価額は3年ごとに改定され、毎年、固定資産税の納付書と一緒に送付される「固定資産の課税明細書」等で確認できます。

宅地の相続税評価額は「路線価」に基づき計算します。「路線価」はその年1月1日時点の価格として7月に国税庁から公表されます。公示価格の8割相当額で決められます。「路線価」は「路線価図」の道路につけられており、「その道路に面した宅地1㎡」の金額（千円単位で記載）です。ですから、「戸建て」が面した道路の路線価に、戸建てが建つ敷地の面積を乗じた金額が「戸建て」の敷地の相続税評価額となります（実際には、その宅地の形状等も考慮して計算しますが、ここでは捨象して説明を続けます）。

こうして求めた建物と宅地の相続税評価額の合計が「戸建て」の相続税評価額となります。

② マンション一室

「マンション一室（例：301号室）」の相続税評価額は、「建物（301号室の建物部分）」と「敷地利用権（301号室に付随する敷地）」の合計額です。

建物の固定資産税評価額は、301号室の固定資産税の納付書と一緒に送付される「固定資産の課税明細書」等で確認できます。

「敷地利用権（301号室に付随する敷地）」ですが、まず、登記情報の「敷地権の割合」を見ます。登記情報の「敷地権の割合」が「10万分の250」とあれば、そのマンション一棟の敷地全体のうち「10万分の250」が301号室に付随している敷地、という意味

<東1章 どうして「マンション」の相続税評価方法が改正されたの?

<路線価図の例>

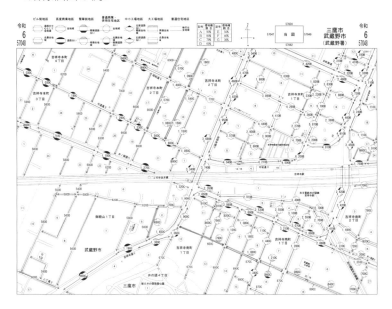

です。さて、敷地利用権の相続税評価額ですが、マンション一棟が面している道路に付されている「路線価」にマンション一棟の敷地全体の地積を乗じて敷地全体の相続税評価額を求め、それに「敷地権の割合(10万分の250)」を乗じて求めます。

　こうして求めた「301号室の建物」と「301号室に付随した敷地利用権」の評価額合計額が「301号室」の相続税評価額となります。

　補足説明をします。「敷地利用権」の広さ(敷地全体の地積×敷地権の割合)は、マンション一室の床面積に応じて決まります。マンション一室の床面積が大きければ「敷地利用権」の広さも大きく、マンション一室の床面積が小さければ「敷地利用権」の広さも小さくなります。また、別の見方をすると、同じタワーマンションの40階と5階で、その一室の床面積が同じであれば、それぞれの部屋に付随する敷地利用権(付随する宅地)の面積も同じ、すなわち相続税評価額も同じです。

★こうやって「『建物の固定資産税評価額』『敷地利用権の路線価評価額』により求めたマンション一室の相続税評価額」を、本書では「従来の算式で求めた相続税評価額」と呼びます。
　今回の評価方法の改正後においても、上記に説明した「従来の算式で求めた相続税評価額」を使いますので、上記知識は大切です。

第**2**章

新しい「マンション評価方法」をざっくり理解しよう

ご自身が所有するマンションが、今回の相続税評価方法改正の影響を受けるか否か、受ける場合はどのくらいの評価額アップとなるかを知っていただくためにお話しします。詳細な計算をすることが目的ではありません。どのようなマンションが従来より相続税評価額が上がるのか、それとも改正の影響なく従来通りの相続税評価額のままなのかを掴むため、ざっくり説明しますので、イメージしながら読み進めてください。

　（専門的に、「国税庁が定めた通達」及び「国税庁ホームページ『居住用の区分所有財産の評価に係る区分所有補正率の計算明細書』」に沿って理解したい方は、「第6章　新しいマンション評価方法を詳しく知りたい（106ページ）」をお読みください）

1 「マンション」の相続税評価額の最低水準を「戸建て」並みに「時価の6掛け」としよう

　第1章で、「有識者会議」において「戸建ての相続税評価額は市場価格の6掛け。マンションの相続税評価額は市場価格の4掛け」と報告され、

「マンション一室」の市場価格に対する相続税評価額を「戸建て」と同水準にする

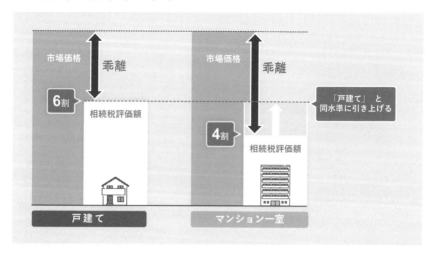

マンションの方が「時価と相続税評価額の差（乖離）」が大きいことが問題となったと説明しました（6ページ）。

これを受けたマンションの評価方法の改正のコンセプトは明確で、「『マンション』の相続税評価額は、少なくとも『戸建て』と同程度の水準に、すなわち『時価（市場価格）の6掛け』まで引き上げよう」です。これにより、マンション購入による行き過ぎた節税対策の効果を小さくできる、というわけです。

ここで、悩ましいのが「時価」の把握です。そもそも「時価」の把握が難しいので一定の割り切りルールとして財産評価ルールが決められているのですから。

2 「時価」の代わりに「市場価格理論値」なるものを決めよう

最低でも「時価（市場価格）の6掛け」相当額をマンションの相続税評価額としよう、という改正。問題は、この「時価（市場価格）」です。そこで、マンションに関する諸事情を考慮した「市場価格理論値」なるものが新たに決められました。これも一定の割り切りの産物です。

(1) 「市場価格理論値」を決めるアプローチ

まず、「市場価格理論値」の概要をイメージしていただくための説明をいたします。

① 平成30年（2018年）の不動産取引事例を基に、当時「従来の算式で求めたマンションの相続税評価額」がどのくらい「時価」と乖離していたかを調べて、乖離の要因となる要素、及びその各要素に基づき「評価乖離率」を求める方法が決められました。

② 2024年1月の相続・贈与から、「従来の算式で求めたマンションの相続税評価額」に、上記①で決められたそのマンション一室の「評価乖離率」を乗じて、そのマンション一室の「市場価格理論値」を算出します。

例えば、「1.2倍乖離しているならば、従来の算式で求めたマンションの相続税評価額の1.2倍が『市場価格理論値』」、「2倍乖離しているならば、

従来の算式で求めたマンションの相続税評価額の2倍が『市場価格理論値』」というわけです。
　すなわち、今般マンションの評価方法が改正された後も、「従来の算式で求める相続税評価額（10ページ）」は使います。

「従来の算式で求めた相続税評価額」×「評価乖離率」＝「市場価格理論値」

　③　そして、「従来の算式で求めたマンションの相続税評価額」が「市場価格理論値」の6掛けに追いついていないマンションは、「市場価格理論値」の6掛けまで評価額を引き上げます。

(2)　「評価乖離率」を決める4要素

　平成30年（2018年）の不動産取引事例を基に、当時「従来の算式で求めたマンションの相続税評価額」がどのくらい「時価」と乖離していたかを調べました。そして、乖離が生じる要素を分析し、「乖離」の大きさが決まる要素として4つの要素を決めました。「築年数」「マンションの総階数」「当該一室の階数」「マンション一室の床面積と、それに付随する敷地利用権（宅地）の面積の比率」です。
　①　築年数
　新築時は乖離が大きく、その後、年数が経つと乖離が小さくなります。
　②　マンションの総階数
　マンション建物の総階数が低いと乖離は小さく、総階数が高いと乖離は大きくなります（ただし、33階以上は同じ）。
　③　所在階（当該一室の階数）
　その一室が低い階にあれば乖離は小さく、高い階にあれば乖離は大きくなります。
　④　マンション一室の床面積と、それに付随する敷地利用権（宅地）の
　　面積の比率
　「マンション一室の床面積」と、「マンション一室に付随する宅地の面積（敷地利用権の面積）」の比（敷地持分狭小度）を求めます。マンション一室の床面積が同じ場合、敷地利用権（宅地）の面積が大きいと乖離は小さ

く、敷地利用権の面積が小さいと乖離は大きくなります。
わかりにくいので、結論を言いますと、
・広い敷地にゆったりと建つ低層マンションは、その一室に付随する敷地利用権の面積は大きく、乖離は小さくなる。
・超高層タワーマンションは、その一室に付随する敷地利用権の面積は小さく、乖離は大きくなる。

4つの要素｜乖離が小さくなるケース・大きくなるケース

		小　乖離　大	
ⓐ	築年数	築古 ⟷	新築
ⓑ	総階数	低層 ⟷	高層（33階以上は同じ）
ⓒ	所在階	低層 ⟷	高層（階数の制限は無し）
ⓓ	敷地持分狭小度「床面積」に対する「付随する土地の面積」の割合	大きい ⟷	小さい

これら4つの要素を合わせて具体的なマンションをイメージすると、
　イ　新築の、超高層タワーマンションの高い階の部屋は、時価との乖離が大きい（乖離率が大きい）。
　ロ　築年数が経った、広い敷地に低層でゆったり建つマンションの低い階の部屋は、時価との乖離が小さい（乖離率が小さい）。

(3) 「評価乖離率」を求める具体的計算（参考）

乖離の要因となる4要素に基づき、次の計算式を用いて「評価乖離率」

を求めます。

評価乖離率 ＝ 3.22 － a － d ＋ B ＋ C
　　　　　　　　　（築年数）（敷地利用権面積と床面積）（総階数）（所在階）

　細かい計算式が出てきました。
　計算式の意味するところを理解いただくための説明を続けますが、面倒な方は、ここは読み飛ばして、次の「3　『市場価格理論値』との乖離が大きいか小さいか（20ページ）」に進んでください。
　なお、上記算式は、「国税庁が定めた通達」の算式（評価乖離率 ＝ 3.220 ＋ A ＋ B ＋ C ＋ D）とは一部異なりますが、ここでは、わかりやすく、ざっくりと理解いただくために、表現を一部変えています。「国税庁が定めた通達」に基づく説明は、「第6章：新しい「マンション評価方法」を詳しく知りたい（106ページ）」をお読みください。

　<u>乖離率「3.22」倍から計算をスタートします。</u>
　①　a…「築年数 × 0.033」
　そのマンションの「築年数」に0.033を乗じた数値(a)を「3.22」から差し引きます。
　　・新築マンション：「築年数」が小さく、すなわち「3.22」から小さな「a」を差し引くので、「評価乖離率」は大きくなります。
　　・築年数の大きなマンション：マンションが古くなり「築年数」が大きくなれば「a」は大きくなり、その大きい「a」を「3.22」から差し引くので、「評価乖離率」は小さくなります。
　②　d…「敷地持分狭小度 × 1.195」
　「敷地持分狭小度」は、「一室の床面積」に対する「付随する土地（敷地利用権）の面積」の割合で、具体的には、「『敷地利用権の面積』÷『一室の専有部分の面積』」で求めます。これに1.195を乗じた数値(d)を「3.22」から差し引きます。
　　・超高層マンション：付随した敷地利用権の面積が小さく（敷地持分狭小度が小さく）、その小さな「d」を「3.22」から差し引くので、「評

価乖離率」は大きくなります。
- 広い敷地の低層マンション：付随した敷地利用権の面積が大きく（敷地持分狭小度が大きく）、その大きな「d」を「3.22」から差し引くので、「評価乖離率」は小さくなります。

③　B…「(総階数 ÷ 33) × 0.239」

＊ただし、総階数は33階を上限とする。

「そのマンション建物の総階数を33で割った数字」に0.239を乗じた数値⒝を「3.22」に加算します。この時、マンション建物の総階数の上限を33階とし、33階以上の場合は「33 ÷ 33」とします。
- 高層マンション：「総階数 ÷ 33」が大きくなり、その大きな「B」を「3.22」に加算するので「評価乖離率」は大きくなります。ただし、総階数が33階以上のマンションは「B」の数字が33階と同じ、つまり、33階以上のマンションの「B」に関する影響は同じです。
- 低層マンション：「総階数 ÷ 33」は小さくなり、その小さな「B」を「3.22」に加算するので「評価乖離率」は小さくなります。

④　C…「所在階 × 0.018」

そのマンション一室の「所在階」に0.018を乗じた数値⒞を「3.22」に加算します。
- 高い階の一室：高い階にある一室は、「3.22」に大きな「C」を加算するので、「評価乖離率」は大きくなります。そして、この「所在階」には上限がないので、高い階にいくほど「C」は大きくなり、「評価乖離率」も大きくなります。
- 低い階の一室：低い階にある一室は、「3.22」に小さな「C」を加算するので、「評価乖離率」は小さくなります。

「乖離率3.22倍」から、4要素に着目した数値（a・B・C・d）を差し引いたり加算したりして、そのマンション一室の「評価乖離率」を求めるのです。

「評価乖離率」の計算

評価乖離率 ＝ 3.22 － ⓐ － ⓓ ＋ Ⓑ ＋ Ⓒ

ⓐ	築年数※ ※1年未満の端数は1	×	0.033
Ⓑ	総階数（33階が上限） / 33	×	0.239
Ⓒ	所在階	×	0.018
ⓓ	敷地持分狭小度※ 「床面積」に対する「付随する土地の面積」の割合 ※敷地利用権の面積÷専有部分の面積（床面積）	×	1.195

(4) 算式の数値は、不動産の時価の状況に応じて定期的に見直す

　「評価乖離率」を求める算式中の数値は、「平成30年（2018年）」の不動産取引事例を調査し、当時の「従来の算式で求めた相続税評価額」と「時価」の乖離から求めた数字だそうです。コロナ禍による特殊事情を考慮に入れないよう、コロナ禍前の「平成30年（2018年）取引事例」により決めたとのことです。

　そして、この数値は今後一定ではなく、不動産時価の状況に応じて変えるそうで、3年ごとに、具体的には固定資産税評価額の評価替えの年に取引事例の調査を行い、必要な場合は数値を改定する予定だそうです。

　ですから、マンション一室の相続税評価額は、宅地の「路線価」・建物の「固定資産税評価額」、そして、3年ごとに改定された場合にはその「評価乖離率」によって変わるということになります。

3　「市場価格理論値」との乖離が大きいか小さいか

　「評価乖離率」を計算する式の構造から、ざっくり次のことが言えます。

イ　超高層タワーマンション
　一室に付随する敷地利用権の面積が小さいため「評価乖離率」は大きい。つまり、「市場価格理論値」との乖離が大きい。そして、高層階の部屋は乖離がより大きくなります。そして、築年数が経つにつれて乖離は徐々に小さくなっていきます。
　ロ　広い敷地にゆったりと建つ低層マンション
　一室に付随する敷地利用権の面積が大きいため「評価乖離率」は小さい。つまり、「市場価格理論値」との乖離が小さい。そして、低層階の部屋は乖離がより小さくなり、また、築年数が経つにつれて乖離はより小さくなっていきます。
　ハ　それ以外の中層マンション等
　タワーマンションでもなく、ゆったり敷地の低層マンションでもない、一般的な中層マンション等について「市場価格理論値」との乖離が大きいか小さいかは、実際に数字を入れて「評価乖離率」を計算してみないとわかりません。ただ、必ず言えることは、「マンション建物の総階数」が高い、「所在階」が高い、という場合は「評価乖離率」は大きくなり、そして、築年数が経つにつれてその「評価乖離率」は小さくなっていきます。

4　「市場価格理論値の6掛け」に追いついているマンション、追いついていないマンション

　今回のマンション評価方法改正のコンセプトは、「『マンション』の相続税評価額は、少なくとも『戸建て』と同程度、すなわち『時価の6掛け』まで引き上げよう」です。
　そして、時価の代わりに「市場価格理論値」なるものを決めました。

「市場価格理論値」×　0.6　＝　「相続税評価額としての最低水準」

　「市場価格理論値の6掛けが、相続税評価額としての最低水準」という上記の算式を言い換えますと（上記算式を変換すると）、「相続税評価額」がちょうど「市場価格理論値の6掛け」のマンションの「評価乖離率」は

「1.666」となります。

　つまり、「市場価格理論値」が「従来の算式で求めた相続税評価額」の1.666倍以下ならば「市場価格理論値の6掛け」に追いついている、ということです。

「市場価格理論値」× 0.6 ＝「相続税評価額としての最低水準」
⇒「市場価格理論値」＝「相続税評価額としての最低水準」× 1／0.6
**　　　　　　　　　＝「相続税評価額としての最低水準」× 　1.666**
（評価乖離率）

　そのマンション一室について、「従来の算式で求めた相続税評価額」が、「市場価格理論値の6掛け」に追いついているか、すなわち、「評価乖離率」が「1.666」以下かどうかが重要です。
　そのマンション一室について4つの要素で求めた「評価乖離率」によって、以下の結論となります。
① 「市場価格理論値の6掛け」に追いついていないマンション（ケース1）
　　　「評価乖離率」が「1.667以上」の場合は、「従来の算式で求めた相続税評価額」が「市場価格理論値の6掛け」に達していないことになります。
② 「市場価格理論値の6掛け」に追いついているマンション（ケース2）
　　　「評価乖離率」が「1～1.666」の場合は、「従来の算式で求めた相続税評価額」が「市場価格理論値の6掛け」に達していることになります。
③ 「市場価格理論値」より高いマンション（ケース3）
　　　このケースは少ないと思われますが、「評価乖離率」が「1未満」の場合は、「従来の算式で求めた相続税評価額」が「市場価格理論値」より高くなっていることになります。

第2章 新しい「マンション評価方法」をざっくり理解しよう

マンション一室 改正のイメージ（市場価格理論値との乖離に着目して相続税評価額を決める）

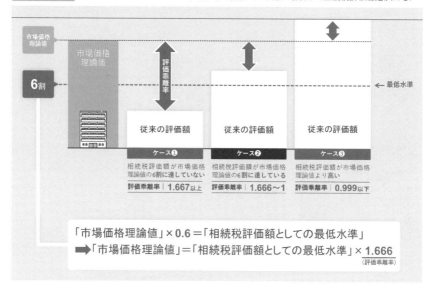

5 「市場価格理論値の6掛け」に追いついていないマンションは「6掛け」まで評価額をアップ
～特に大幅アップとなるマンションの特徴は？～

(1) 評価乖離率：1.667以上の場合は、評価額アップ

4要素で求めた「評価乖離率」が「1.667以上」のマンション一室（ケース1）は、「市場価格理論値」の6掛けに追いついていないので、「従来の算式で求めた相続税評価額」を引き上げることになります。

どこまで引き上げるか？　それは「市場価格理論値の6掛け」までです。すなわち、

「従来の算式で求めた相続税評価額」×「評価乖離率」× 0.6 ＝「改正後の相続税評価額」

（市場価格理論値）

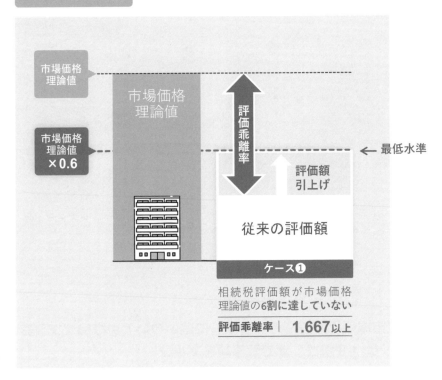

　繰り返しになりますが、市場価格理論値の6掛けに追いついていないマンションの特徴は、評価乖離率が大きなもの、すなわち、
・高層マンション
・所在階が高い
・一室の床面積に対して、付随している敷地利用権（宅地）の面積が小さい
・築年数が浅い
というものです。その代表例が新築の超高層タワーマンションです。
　しかし、一般的な中高層マンションも、実際に評価乖離率を計算してみると、「1.667」以上となるケースは多いようです。

(2) 具体的に、どの位評価額が上がるのか？

改正の影響を受け評価額アップとなる場合、何倍になるかを知りたいところです。

「改正後の相続税評価額」＝「従来の算式で求めた相続税評価額」×「評価乖離率」× 0.6

すなわち、「評価乖離率 × 0.6」が評価額が改正により何倍になるかを示します（この倍率を相続税計算では「区分所有補正率」といいます）。

例えば、「評価乖離率：2」の場合は、「従来の算式で求めた相続税評価額」の1.2倍が改正後の相続税評価額となります（評価乖離率(2) × 0.6）。

つまり、「建物：従来の算式で求めた相続税評価額」の1.2倍と、「敷地利用権：従来の算式で求めた相続税評価額」の1.2倍を合計したものが、その「マンション一室」の改正後の相続税評価額となります。

同じように、「評価乖離率：3」の場合は「従来の算式で求めた相続税評価額」の1.8倍、「評価乖離率：4」の場合は「従来の算式で求めた相続税評価額」の2.4倍が、改正後の相続税評価額となります。

＊この「従来の算式で求めた相続税評価額」に与える影響を表す「1.2倍」「1.8倍」「2.4倍」を、相続税計算上「区分所有補正率」と呼びます（109ページ）。
＊自宅敷地等に適用できる「小規模宅地等の評価減の特例」は、「敷地利用権：『従来の算式で求めた相続税評価額』の1.2倍（区分所有補正率）」に対して適用することになります（46ページ）。

6 「市場価格理論値の6掛け」に追いついているマンション（評価乖離率：1～1.666）
～評価額は上がらない～

4要素で求めた「評価乖離率」が「1～1.666」の場合は、「従来の算式で求めた相続税評価額」が「市場価格理論値の6掛け」に追いついていますので、「従来の算式で求めた相続税評価額」そのままです。今回の改正について影響はありません。

繰り返しになりますが、市場価格理論値の6掛けに追いついているマンションの特徴は、評価乖離率が小さなもの。すなわち、その代表的なものは、

・広い敷地にゆったり建築されている低層マンション
・所在階が低い
・一室の床面積に対して、付随している敷地利用権（宅地）の面積が大きい

その他、狭い敷地に建つ低層マンションや、一般の中層マンションは個々の事情により異なりますので、具体的に「評価乖離率」を求めてみる必要があります。

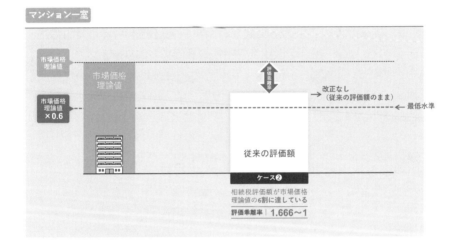

7　「市場価格理論値」を超えているマンション（評価乖離率：1未満）
～改正により相続税評価額が下がる～

4要素で求めた「評価乖離率」が「1未満」の場合は、「従来の算式で求めた相続税評価額」が「市場価格理論値」を上回っていることになります。ですから、「従来の算式で求めた相続税評価額」を「市場価格理論値」

第2章　新しい「マンション評価方法」をざっくり理解しよう

まで引き下げることになります。相続税評価額が従来より下がり、相続税減税となるわけです。

どのようなマンションが該当するかについては、一概には言えませんが、広い敷地にゆったり建築されている低層マンションで、低層階、築年数が相当経っているマンションでしょうか。

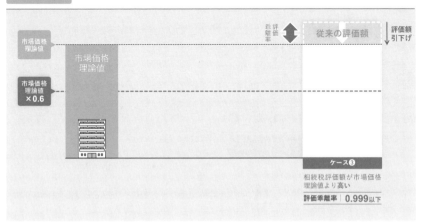

8 事例でみる「評価乖離率」に大きな差が出るマンション2つ ～「中古の低層超高級マンション」と「新築タワーマンション」～

「評価乖離率」の計算式から、改正の影響をみていきましょう。

```
評価乖離率 = 3.22 － a － d ＋ B ＋ C
a ＝ 築年数 × 0.033
d ＝「敷地持分狭小度（敷地利用権の面積 ÷ 床面積）」× 1.195
B ＝「総階数（33階が上限）÷ 33」× 0.239
C ＝ 所在階 × 0.018
```

27

評価乖離率に差が出る2つの例

「評価乖離率」の4つの要素			ケース❷ 中古低層超高級マンション		ケース❶ 新築タワーマンション	
ⓐ 築年数	×	0.033	40年	1.320	1年	0.033
Ⓑ 総階数（33階が上限）／33	×	0.239	5階	0.036	45階（33階で計算）	0.239
Ⓒ 所在階	×	0.018	5階	0.090	45階	0.810
ⓓ 敷地持分狭小度　付随する土地の面積／床面積	×	1.195	60㎡／100㎡	0.717	3.56㎡／100㎡	0.044
評価乖離率（3.22 − ⓐ − ⓓ + Ⓑ + Ⓒ）				1.309		4.192

改正後の評価

評価乖離率 ≦ 1.666 改正なし（従来と同額）	1.667 ≦ 評価乖離率 従来の評価額 × 4.192 × 0.6　2.5152 ［区分所有補正率］

（注）上記算式は「国税庁が定めた算式」とは一部異なりますが、わかりやすく、ざっくりと理解いただくために、算式の表現を一部変えています。

次のケースをイメージしてください。
＜ケース2：中古低層：超高級マンション＞
26ページの「ケース②」です。
「東京の高級住宅街、広い敷地に低層マンション（5階建て）がゆったりと建っています。外観はいかにも超高級で、築年数40年とは思えません。中庭もあるようですが、外からはうかがい知れません。」
　その最上階5階にある501号室、床面積は100㎡。
　a：築年数40年ですから、「a」の数値は「1.320」と大きくなります。
　d：501号室の床面積は100㎡。そして、501号室に付随する敷地面積（敷地利用権の面積）は60㎡。広い敷地にゆったりと低層（5階建て）建物が建っていますので、501号室についている土地は60㎡と広いのです。
「d」：敷地持分狭小度（付随する土地の面積 ÷ 床面積）は「0.717」と大きくなります。

第2章　新しい「マンション評価方法」をざっくり理解しよう

　Ｂ：「総階数：5÷33」ですから、「Ｂ」の数値は「0.036」と小さくなります。

　Ｃ：「所在階」は5階ですから、「Ｃ」の数値は「0.090」と小さくなります。

　以上、「3.22」から、大きな数値「ａ」と「ｄ」を差し引き、そして、小さな数値「Ｂ」と「Ｃ」を足しますので、結果、「評価乖離率」は「1.309」となり、「市場価格理論値の6掛け」に相当する「評価乖離率：1.666」より小さくなります。つまり、この築40年の低層超高級マンション501号室の相続税評価額は、「市場価格理論値の6掛け」に追いついており、今回の評価方法の改正による影響はなし、つまり、「従来の算式で求めた相続税評価額」そのままが評価額となります。改正による影響なしです。

　次のケースです。同じくイメージしてください。
＜ケース1：新築タワーマンション＞
　24ページの「ケース①」です。
　「駅前再開発で建築されオープンしたての45階建てタワーマンションです。続々入居が始まっています。」
　その最上階45階にある4501号室、床面積は100㎡。
　ａ：築年数1年ですから、「ａ」の数値は「0.033」と小さくなります。
　ｄ：4501号室の床面積は100㎡。そして、4501号室に付随する敷地面積は3.56㎡。タワーマンション一棟の敷地全体は広いですが、そこに45階建ての巨大な建物が建っていますので、4501号室についている土地は3.56㎡と大変小さいのです。「ｄ」：敷地持分狭小度（付随する土地の面積÷床面積）は「0.044」と小さくなります。
　Ｂ：「総階数：33÷33」。このタワーマンションは45階建てですが、「Ｂ」の計算上総階数の上限が33であるため、「33÷33」。「Ｂ」の数値は最大の「0.239」と大きくなります。
　Ｃ：「所在階」は45階ですから、「Ｃ」の数値は「0.810」と大きくなります。「Ｃ」の計算において所在階に上限はありませんので、高い階ほど「Ｃ」の数値は大きくなります。
　以上、「3.22」から、小さな数値「ａ」と「ｄ」を差し引き、そして、

大きな数値「B」と「C」を足しますので、結果、「評価乖離率」は「4.192」となり、「市場価格理論値の6掛け」に相当する「評価乖離率：1.666」よりはるかに大きくなります。つまり、新築のタワーマンション4501号室は、乖離が大きく、相続税評価額は「市場価格理論値の6掛け」を大きく下回っており、今回の評価方法の改正により「市場価格理論値の6掛け」まで評価額を上げることになります。では、どのくらいのアップとなるか？

　改正後の相続税評価額 ＝「市場価格理論値」× 0.6
　　　　　　　　　　　＝「従来の算式で求めた相続税評価額」×「評価乖離率：4.192」× 0.6
　　　　　　　　　　　＝「従来の算式で求めた相続税評価額」× 2.5152
　改正により、相続税評価額が2.5152倍となるわけです。
　当然に、相続税額も大幅に増えるでしょう。

　2つの例を見て興味深いこと。
　低層の超高級マンション501号室とタワーマンション4501号室、部屋の床面積は100㎡と両者同じです。しかし、その部屋に付随する土地（敷地利用権）の面積は大きく違います。ゆったりした敷地に建つ低層マンションは60㎡、タワーマンションは3.56㎡。
　地価（路線価）が上昇すると、相続税評価額が大きく影響を受けるのは、土地（敷地利用権）の面積が大きい低層超高級マンションです。
　言い換えますと、タワーマンションは土地（敷地利用権）の面積が小さく地価（路線価）の影響をあまり受けない、ゆえに、人気の高いタワーマンションで取引価額が上がっても、その相続税評価額はあまり上がらず、時価との乖離が大きく、相続税対策として大変魅力的であった、ということです。これを是正しよう、というのが今回の改正です。

第2章 新しい「マンション評価方法」をざっくり理解しよう

9 所有しているマンションについて「影響ある?ない?」を早く知りたい!
～登記情報でわかります～

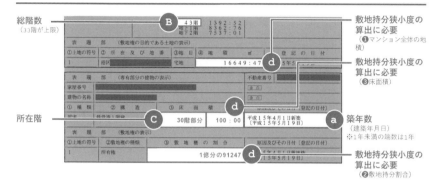

　ご自身が所有しているマンションが改正の影響を受けるか否か、知りたくなりますね。

　「評価乖離率」を算出するための「数値」に関する情報はすべて「登記情報」を見ればわかります。

　　a：築年数は、建築年月日を見ます。築年数について1年未満の端数は1年とします。

　　d：「敷地持分狭小度」の計算に必要な数字は、①マンション全体の地積、②敷地持分割合（その部屋に付随する土地の割合：敷地権の割合）、③その部屋の床面積

　　B：総階数（計算上は、33階を上限とします）

　　C：所在階

ということで、これらの数値を「評価乖離率」の計算式に入れることになりますが、自分で計算しなくとも、国税庁ホームページに掲載されているツール『居住用の区分所有財産の評価に係る区分所有補正率の計算明細書』に数値を入力すれば、すぐに結果がわかるすぐれものがあります（第7章　登記情報を見て、国税庁HPで具体的計算をしたい：134ページ）。是非やってみてください。

　今回の相続税評価方法改正により、所有するマンションの相続税評価額

が上がるか否か？　上がる場合は何倍の評価額になるか？　その場合、相続税はどのくらいになるか（増税額はどのくらいか？）。それを基礎として、将来の相続税納税方法の検討、遺産分割の検討、と進めてください（第8章　相続・相続税についてやっておきたいこと（144ページ））。

第3章

いろいろなマンションの具体的事例で影響をみたい

第2章では新しいマンションの相続税評価方法の考え方をざっくりとお話しました。第3章では、新築のタワーマンションではどのくらい評価が上がるのか？　低層のマンションだと影響はあるの？　といった大まかなイメージを掴めるように4つのケーススタディを用意しました。実在するマンションの数値をもとにさまざまなケースを設定していますので、身近なマンションと近いものがないかチェックしてみてください。

 ケーススタディ①：築年数による影響をみる　～敷地の広い低層マンションの場合～

　まず、広い敷地にゆったりと建つ低層マンションについて、築年数の違いがどのように影響するのか確認してみましょう。
　B：総階数5階建て、C：所在階は最上階の5階、ｄ：敷地持分狭小度の数値は床面積100㎡・敷地利用権の面積60㎡というマンションです。
　このマンションのａ：築年数について4つのパターン（1年・10年・20年・30年）でそれぞれ評価乖離率を計算します（それぞれの表のａ：築年数の数値を変えています）。築年数1年は評価乖離率が「2.596」、そして築年数が経つにつれて評価乖離率が「2.299」・「1.969」・「1.639」と小さくなっていることが分かります。建築後に年が経過して築年数が大きな数字になるほど評価乖離率の計算上、3.220から大きな数値(ａ)を差し引くため、年の経過とともに評価乖離率は小さくなるわけです。
　そして、評価乖離率が「1.667以上」になっている築年数1年・10年・20年のマンションは「評価額アップ」となり、築年数30年になると評価乖離率が「1.666以下」になるため「改正の影響なし」となります。
　評価額が何倍になるかは「評価乖離率 × 0.6」で求めますから、評価額は築年数1年では1.5576倍（2.596 × 0.6）、10年では1.3794倍（2.299 × 0.6）、20年では1.1814倍（1.969 × 0.6）となります。築年数30年は「影響なし」、すなわち、従来の評価額のままということになります。
　敷地の広い低層マンションの場合、B：総階数やC：所在階の値（計算式のプラス項目）が小さく、ｄ：敷地持分狭小度の値（計算式のマイナス項目）が大きいことから、改正により評価額が大きく上がるケースは比較

的少ないかもしれません。そして、先ほど見た築年数30年のように、築年数によっては改正の影響がないというマンションもあるでしょう。

築年数による影響をみる
～敷地の広い低層マンション（5階建て）の場合～

「評価乖離率」の4つの要素			敷地の広い低層マンション 築年数1年	
a	築年数	× 0.033	1年	0.033
B	総階数（33階が上限）/33	× 0.239	5階	0.036
C	所在階	× 0.018	5階	0.090
d	敷地持分狭小度（敷地利用権の面積/床面積）（小数点以下第4位切上げ）	× 1.195	60㎡/100㎡	0.717
評価乖離率（3.22－a－d＋B＋C）				2.596

（注）上記算式は「国税庁が定めた算式」とは一部異なりますが、わかりやすく、ざっくりと理解いただくために、算式の表現を一部変えています。

相続税評価額への影響（区分所有補正率） → 1.667≦評価乖離率 **1.5576** （2.596×0.6）

（注）敷地持分狭小度は、実在の「敷地の広い5階建て低層マンション」の登記情報を参考に設定

築年数による影響をみる
～敷地の広い低層マンション（5階建て）の場合～

	敷地の広い低層マンション 築年数10年		敷地の広い低層マンション 築年数20年		敷地の広い低層マンション 築年数30年	
a	10年	0.330	20年	0.660	30年	0.990
B	5階	0.036	5階	0.036	5階	0.036
C	5階	0.090	5階	0.090	5階	0.090
d	60㎡／100㎡	0.717	60㎡／100㎡	0.717	60㎡／100㎡	0.717
		2.299		1.969		1.639
	1.667≦評価乖離率		1.667≦評価乖離率		1 ≦評価乖離率≦1.666	
	1.3794倍 (2.299×0.6)		1.1814倍 (1.969×0.6)		影響なし	

2 ケーススタディ②：築年数による影響をみる ～タワーマンションの場合～

次は高層タワーマンションについて、築年数の違いがどのように影響するのか見ていきましょう。

B：総階数45階、C：所在階は30階、d：敷地持分狭小度の数値は床面積100㎡、敷地利用権の面積3.56㎡というマンションです。

このマンションもa：築年数について4つのパターン（1年・10年・20年・30年）でそれぞれ評価乖離率を計算します（それぞれの表のa：築年

数の数値を変えています）。築年数1年は評価乖離率が「3.922」、そして、築年数が経つにつれて評価乖離率が「3.625」・「3.295」・「2.965」と小さくなっていることが分かります。このタワーマンションの場合は、築年数30年でも評価乖離率が「2.965」となり、「1.667以上」、つまり「市場価格理論値の6掛け」に追いついていないため、評価額がアップしてしまいます。

これを受けて評価額が何倍になるかは、築年数1年では2.3532倍（3.922×0.6）、10年だと2.175倍（3.625×0.6）、20年では1.977倍（3.295×0.6）、そして築年数30年の場合は1.779倍（2.965×0.6）となり、年の経過と共に築年数が大きくなると評価額アップは小さくなります。

ただし、いずれにしても1つ目のケーススタディで見た敷地の広い低層マンションと比べて、改正による評価額のアップが大きいことが分かります。高層タワーマンションの場合は、B：総階数やC：所在階の値（計算式のプラス項目）が大きくなりやすく、d：敷地持分狭小度の値（計算式のマイナス項目）が小さくなってしまう、すなわち時価（市場価格理論値）との乖離が大きいことから、改正の影響を大きく受けます。ということで、今回の改正はタワーマンションについて大きく影響し、所有者の相続税額は相当に増えることになるでしょう。

築年数による影響をみる
～タワーマンション（45階建て）の場合～

「評価乖離率」の4つの要素			タワーマンション 築年数1年	
a	築年数	× 0.033	1年	0.033
B	総階数（33階が上限）／33	× 0.239	45階（33階で計算）	0.239
C	所在階	× 0.018	30階	0.540
d	敷地持分狭小度 [敷地利用権の面積／床面積]（小数点以下第4位切上げ）	× 1.195	$\frac{3.56㎡}{100㎡}$（小数点以下第4位切上げ）	0.044
評価乖離率（3.22 − a − d + B + C）				**3.922**

相続税評価額への影響（区分所有補正率）

1.667 ≦ 評価乖離率
2.3532倍
（3.922 × 0.6）

（注）敷地持分狭小度は、実在の「45階建てタワーマンション」の登記情報を参考に設定

第3章 いろいろなマンションの具体的事例で影響をみたい

築年数による影響をみる
～タワーマンション（45階建て）の場合～

	タワーマンション 築年数10年		タワーマンション 築年数20年		タワーマンション 築年数30年	
a	10年	0.330	20年	0.660	30年	0.990
B	45階（33階で計算）	0.239	45階（33階で計算）	0.239	45階（33階で計算）	0.239
C	30階	0.540	30階	0.540	30階	0.540
d	3.56m² / 100m²	0.044	3.56m² / 100m²	0.044	3.56m² / 100m²	0.044
	（小数点以下第4位切上げ）	3.625	（小数点以下第4位切上げ）	3.295	（小数点以下第4位切上げ）	2.965
	1.667≦評価乖離率		1.667≦評価乖離率		1.667≦評価乖離率	
	2.175倍		**1.977倍**		**1.779倍**	
	（3.625×0.6）		（3.295×0.6）		（2.965×0.6）	

3 ケーススタディ③：総階数による影響をみる
～総階数 5 階・10 階・20 階・45 階（所在階はすべて 5 階）の場合～

3つ目のケーススタディでは、総階数の違いによる影響を見てみましょう。

a：築年数10年、C：所在階5階は固定値として、B：総階数の値を5階建て・10階建て・20階建て・45階建てと変えています（計算式の中では、

総階数は33階が上限とされているため、45階建ての場合は33階として計算します）。

　d：敷地持分狭小度はB：総階数に連動して変わります。B：総階数が増えると、一般的にそのマンション建物の総床面積は大きく、戸数も増えるため、1部屋当たりの敷地利用権の面積は小さくなります。すなわち、B：総階数が高くなればなるほどd：敷地持分狭小度の値が小さくなっていきます。d：敷地持分狭小度は評価乖離率の計算式ではマイナスの項目ですから、この値が小さくなると評価乖離率は大きくなり、評価額がアップしやすくなります。B：総階数は計算上33階が上限とされていますが、マンションが高層になるにつれてd：敷地持分狭小度の値は小さくなる傾向にある点は注意が必要です。

　このケーススタディでは、d：敷地持分狭小度の分母となる「（部屋の）床面積」は100㎡で統一しています。分子となる「敷地利用権の面積」は、5階建てのケースでは60㎡、10階建ては42㎡、20階建ては24.25㎡、45階建ては3.56㎡に設定しています。

　B：総階数が大きくなると、併せてd：敷地持分狭小度は小さくなっていき、評価乖離率が上昇していく、という結果となっています。5階建てでは評価乖離率が「2.299」、10階建ては「2.550」、20階建ては「2.833」、45階建ては「3.175」で、いずれも評価乖離率は「1.667以上」で「市場価格理論値の6掛け」に追いついていません。その結果、改正後の評価額は、5階建ては1.3794倍（2.299×0.6）、10階建ては1.53倍（2.55×0.6）、20階建ては1.6998倍（2.833×0.6）、45階建ては1.905倍（3.175×0.6）となります。

　このケーススタディでは、B：総階数の違いによる影響を確認するために、C所在階を5階で統一していますが、所在階がより上の階の部屋であれば評価の倍率はさらに上がります。この点からも高層タワーマンションは改正の影響を受けやすいと言えるでしょう（C：所在階の影響は4つ目のケーススタディで確認します）。

第3章 いろいろなマンションの具体的事例で影響をみたい

総階数による影響をみる
～総階数5階・10階・20階・45階（所在階はすべて5階）の場合～

	「評価乖離率」の4つの要素			敷地の広い低層マンション 5階建て	
a	築年数	×	0.033	10年	0.33
B	総階数（33階が上限）／33	×	0.239	5階	0.036
C	所在階	×	0.018	5階	0.090
d	敷地持分狭小度 （敷地利用権の面積／床面積） （小数点以下第4位切上げ）	×	1.195	60㎡／100㎡	0.717

評価乖離率（3.22 − a − d + B + C）　　**2.299**

1.667 ≦ 評価乖離率

相続税評価額への影響（区分所有補正率） → **1.3794倍**
（2.299 × 0.6）

（注）5階建て及び45階建ての敷地持分狭小度は、実在の登記情報を参考に、10階建て及び20階建ての敷地持分狭小度は、第2回有識者会議（R5.6.1）の資料「総階数別面積比」を参考に設定

総階数による影響をみる
～総階数5階・10階・20階・45階（所在階はすべて5階）の場合～

	中層マンション 10階建て		高層マンション 20階建て		タワーマンション 45階建て	
a	10年	0.33	10年	0.33	10年	0.33
B	10階	0.072	20階	0.144	45階 (33階で計算)	0.239
C	5階	0.090	5階	0.090	5階	0.090
d	$\frac{42㎡}{100㎡}$	0.502	$\frac{24.25㎡}{100㎡}$	0.291	$\frac{3.56㎡}{100㎡}$	0.044
	（小数点以下第4位切上げ）		（小数点以下第4位切上げ）		（小数点以下第4位切上げ）	
	2.550		2.833		3.175	

1.667≦評価乖離率　　　　1.667≦評価乖離率　　　　1.667≦評価乖離率

1.53倍　　　　　　　　**1.6998倍**　　　　　　　**1.905倍**

（2.55×0.6）　　　　　　（2.833×0.6）　　　　　　（3.175×0.6）

4 ケーススタディ④：所在階による影響をみる
　〜タワーマンションの場合〜

　次は、45階建てのタワーマンションを例に、C：所在階による影響の度合いを確認しましょう。なお、どの所在階にあっても部屋の床面積は同じ設定です。

　ａ：築年数10年、Ｂ：総階数45階建て（計算式の中では33階で計算）、ｄ：敷地持分狭小度3.56㎡/100㎡の値は固定して、Ｃ：部屋の所在階：5階・10階・25階・45階それぞれの評価乖離率を計算してみましょう。

　Ｂ：総階数は計算上33階が上限とされていますが、Ｃ：所在階は上限が設定されていないため、所在階が上がれば上がるほど影響は大きくなっていきます。

　所在階5階では評価乖離率が「3.175」、10階は「3.265」、25階は「3.535」、45階は「3.895」で、いずれも評価乖離率は「1.667以上」となり「市場価格理論値の6掛け」に追いついていません。その結果、改正後の評価額は、5階は1.905倍（3.175×0.6）、10階は1.959倍（3.265×0.6）、25階は2.121倍（3.535×0.6）、45階は2.337倍（3.895×0.6）となります。

　タワーマンションはＢ：総階数が高く、それだけで評価の倍率が大きくなりやすいと言えますが、それに加えて、Ｃ：所在階が高くなれば高くなるほど改正の影響は大きく、評価額が大きくアップすることが分かります。

所在階による影響をみる
～タワーマンション（45階建て）の場合～

「評価乖離率」の4つの要素			タワーマンション 所在階5階	
ⓐ 築年数	×	0.033	10年	0.33
Ⓑ $\dfrac{総階数（33階が上限）}{33}$	×	0.239	45階（33階で計算）	0.239
Ⓒ 所在階	×	0.018	5階	0.090
ⓓ 敷地持分狭小度 $\left[\dfrac{敷地利用権の面積}{床面積}\right]$	×	1.195	$\dfrac{3.56㎡}{100㎡}$	0.044
（小数点以下第4位切上げ）			（小数点以下第4位切上げ）	

評価乖離率（3.22－ⓐ－ⓓ＋Ⓑ＋Ⓒ）　　3.175

1.667≦評価乖離率

相続税評価額への影響（区分所有補正率）　　**1.905倍**
（3.175×0.6）

（注）敷地持分狭小度は、実在の「45階建てタワーマンション」の登記情報を参考に設定

所在階による影響をみる
～タワーマンション（45階建て）の場合～

	タワーマンション 所在階10階		タワーマンション 所在階25階		タワーマンション 所在階45階	
ⓐ	10年	0.33	10年	0.33	10年	0.33
Ⓑ	45階（33階で計算）	0.239	45階（33階で計算）	0.239	45階（33階で計算）	0.239
ⓒ	10階	0.180	25階	0.450	45階	0.810
ⓓ	$\frac{3.56㎡}{100㎡}$	0.044	$\frac{3.56㎡}{100㎡}$	0.044	$\frac{3.56㎡}{100㎡}$	0.044
（小数点以下第4位切上げ）		3.265		3.535		3.895
1.667≦評価乖離率		**1.959倍**（3.265×0.6）		**2.121倍**（3.535×0.6）		**2.337倍**（3.895×0.6）

　この章では、築年数・建物の総階数・部屋の所在階の違いにより、評価乖離率にどのような影響があるか、その結果、改正後の評価額が従来に比べてどの程度アップするかを具体的事例で比較してみました。ご自身のマンションの築年数・総階数・所在階から、改正の影響が少しイメージできたでしょうか。とは言っても、具体的に計算してみないと分かりません。第7章（134ページ）では、マンションの登記情報をもとに、国税庁の計算ツールを使って具体的な計算の仕方を解説していますので、ご自身のマンションは改正の影響を受けるのかどうかを是非確認してみてください。

コラム 小規模宅地等の特例による評価減

相続や遺贈で取得する土地（宅地や借地権等）について、一定の要件を満たすものは、相続税を計算するうえで評価額を減額することができます。相続人等の生活のために不可欠なものである居住用や事業用の土地が評価減の対象になります。今回の改正によって評価額が上がってしまったマンションの土地・借地権（敷地利用権）も、この評価減を適用することができれば、評価額の増加分をある程度軽減できます（残念ながら「土地の評価減」特例であるため、建物は対象外です）。

例えば、被相続人（亡くなった方）の自宅敷地を被相続人の配偶者が相続した場合には、小規模宅地等の特例を適用することで330㎡まで評価額を8割引きすることができます。この330㎡という限度面積は、マンション敷地面積に敷地権割合を乗じた後の所有分で判定しますので、相続財産である不動産は自宅マンション一室だけ、というケースでは、要件を満たせば敷地利用権の評価額がまるまる8割引きとなります。

なお、この評価減は相続時のみ適用することができる特例ですので、生前に贈与で渡す場合は使うことができません。

★小規模宅地等の評価減の対象の一例

宅地等の区分	限度面積	減額割合	想定されるケース
居住用	330㎡	80%	・被相続人の居住用宅地を配偶者が相続 ・被相続人の居住用宅地を同居親族が相続 ・生計一親族の居住用宅地をその親族が相続　等

宅地等の区分	限度面積	減額割合	想定されるケース
事業用（貸付事業除く）	400㎡	80%	・被相続人の事業を引き継ぎ、事業用宅地を相続　等
貸付事業用	200㎡	50%	・被相続人の貸付事業を引き継ぎ、貸付事業用宅地を相続　等

　また、評価減を適用するためにはケース毎のその他の細かい要件を満たす必要があります。上で掲げた一例だけでも、対象の土地を相続税申告期限まで保有して居住（または事業）を継続していること等、ここでは書ききれない要件がたくさんあります。
・被相続人が老人ホームに入居していたら？
・同居していない親族が相続したら？
・生計一とは？
・被相続人がセカンドハウスとしてマンション一室を持っていたら？
・亡くなる直前に貸付事業を始めたら？
　各要件は、もちろん形式だけではなく、実態はどうなっていたのか判断を求められます。減額できると思って申告したら要件を満たしていなかった（追徴課税）、実は減額できるのに気付かずに申告してしまったということも起こりえますので、申告前に専門家に相談することをお勧めします。減額される金額が大きい特例ですから、確実に適用したいものです。

第 4 章

全国のマンションの具体的事例で影響をみたい

今までのところで、今回のマンション評価の改正は、いわゆるタワーマンションに限定されず、さまざまなタイプのマンションに影響しそうだということがお分かりいただけたと思います。
　それでは、"地域"によって、改正の影響の度合いに差があるのでしょうか。
　改正されたマンション評価方法における「評価乖離率」の計算に用いる数値は全国一律同じです。つまり、改正により評価額が「従来の相続税評価額」の何倍になるか（区分所有補正率）の計算方法は、全国一律、同じです。
　逆にいうと、この「評価乖離率」「区分所有補正率」には、マンションの「立地条件」は一切加味されていません。4要素の数値がまったく同じマンションであれば、都心の一等地にあるマンションも、地方にあるマンションも、「評価乖離率」「区分所有補正率」は同じ数値となります。
　では次に、全国20地域の具体的事例を見てみましょう。下記の地域で、それぞれタワーマンションと、人気がある地区のマンションをピックアップし、改正により評価額が「従来の相続税評価額」の何倍になるか（区分所有補正率）を計算しました。
　今回行いました各地域でのマンションのピックアップは、以下の条件を設定した上で、各地域で活動する税理士が実際に物件を選定しました。ですから、各地域の統計的データではありませんので、この数値をもって地域の特徴を示すことを目的にしていませんし、それはできません。皆さんに、東京だけでなく、全国各地域で改正の影響があることを実感していただくには有益な取組みと考え、行いました。

＜地域＞
東京、札幌、盛岡、仙台、大宮、横浜、新潟、金沢、長野、静岡、名古屋、京都、大阪、神戸、広島、高松、松山、福岡、熊本、鹿児島
＜選定条件＞
●タワーマンション
　地域内で最高級クラスのタワーマンション（おおむね20階以上）の高層階を選定。

●人気がある地区のマンション

　その地域で人気がある地区のマンションのうち、下記条件を満たすものの中から、平均的な売買価格（市場価格がその地区のマンション価額の中央値上下10%以内を目安）の物件を2～3件選定。
・築年数10年～20年
・駅徒歩10分以内
・広さ2LDK～3LDK
・総階数15階以下

1 タワーマンション

　三大都市圏（東京、大阪、名古屋）以外の地域でも、タワーマンションの建設が相次いでいます。今までタワーマンションがなかった地域でも、建設されるケースがあるようです。

　全国20地域で今回ピックアップしたタワーマンションについて、改正により評価額が何倍になるのかを具体的に計算すると、最も高いのは「2.457倍」、一番低いものでも「1.7688倍」、平均で「2.0646倍」となっています。これは改正後の相続税評価額が、従来の評価額の2.4～1.7倍、つまりおおむね倍増することを意味します。

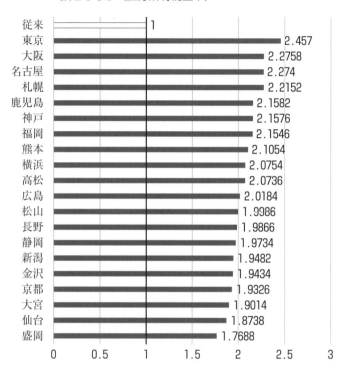

＜事例＞ 全国20地域のタワーマンション：改正により何倍の評価額となるか（区分所有補正率）

ここで今一度、今回の改正によりタワーマンションの相続税評価がどう変わるのか、見てみましょう。
改正後の相続税評価額の求め方は下記の通りです。

> 改正後の相続税評価額の求め方（市場価格理論値の6掛けに追いついていないマンション）：
> 「従来の算式で求めた相続税評価額」×「評価乖離率」× 0.6 ＝「改正後の相続税評価額」
> 　　　　　　　　　　　　　　　　　　　区分所有補正率

第4章　全国のマンションの具体的事例で影響をみたい

評価乖離率は、次の計算式、4つの要素を用いて計算します。

評価乖離率 = 3.22 － a（築年数）－ d（敷地持分狭小度）＋ B（総階数）＋ C（所在階）

（注）上記算式は「国税庁が定めた算式」とは一部異なりますが、わかりやすく、ざっくりと理解いただくために、算式の表現を一部変えています。

つまり「従来の相続税評価額」がどのくらい時価と乖離しているか、その乖離率を求める4要素、すなわち「改正により従来の評価額の何倍になるか（区分所有補正率）」に影響する4要素は「a築年数」「Bマンションの総階数」「C所在階」「d敷地持分狭小度」です。

d敷地持分狭小度は、マンション一室の床面積とそれに付随する敷地利用権（宅地）の面積の割合です。マンション一室の床面積が同じ場合、敷地利用権の面積が小さいとd敷地持分狭小度が小さくなり、評価乖離率は大きくなります。

タワーマンションは、この4要素のうち、「B総階数」の数値が大きくなるため、従来の相続税評価額に乗じる倍率が大きくなり、加えて「d敷地持分狭小度」の数値が小さくなるため従来の相続税評価額に乗じる倍率は大きくなります。今回の事例では、高層階をピックアップしているので「C所在階」の数値も大きくなり、さらに従来の相続税評価額に乗じる倍率は大きくなります。

この従来の相続税評価額に乗じる倍率、すなわち評価乖離率・区分所有補正率の算定に立地条件は影響しないので、「タワーマンションは時価と従来の相続税評価額との乖離が大きく、改正により評価額が大幅に上がる」というこの傾向は全国共通のものといえます。

2　人気の地区にあるマンション

人気の地区にあり、利便性がよく、かつ市場価格がその地区のマンションの平均値に近いものを複数物件ピックアップし、改正により「従来の相続税評価額」の何倍になるか（区分所有補正率）について平均値を算出し

ました。

＜選定条件＞
① 築年数10〜20年
② 駅徒歩10分以内
③ 広さ２LDK〜３LDK
④ 総階数15階以下

＜事例＞　全国20地域の人気マンション：改正により何倍の評価額となるか（区分所有補正率）

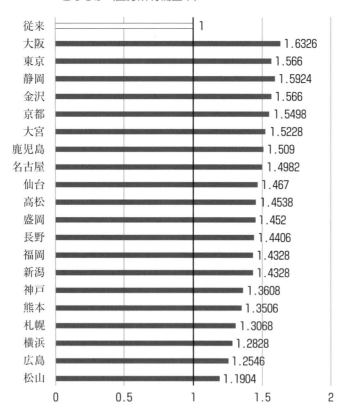

これらの事例で最も高いものは「1.6326倍」、一番低いもので「1.1904倍」、平均すると「1.4366倍」です。

したがって今回ピックアップしたこの20地域の事例では、改正後の評価額は、改正前と比べると1.6〜1.2倍、平均で1.4倍となりました。特定の地域に限らず、また一般的なマンションであっても、改正の影響を受け、改正により評価額はアップする傾向があるということがうかがえます。

3 全国20都市の事例紹介
〜改正により何倍になるか〜

次に、地域ごとにピックアップした具体的事例について個々に、改正により評価額が「従来の相続税評価額」の何倍になるか（区分所有補正率）を見ていきます。

ここでは、改正前より評価額が上がるのは都心のマンションに限らない、地方都市でも上がる可能性が高いという点にご注目ください。

繰り返しになりますが区分所有補正率に地域性は反映されません。

なお、ここで示す区分所有補正率は、あくまでも今回ピックアップしたマンションを例に算定した数値であり、地域の平均値ではないことにご注意いただければと思います。

(1) 東京都の事例
●タワーマンション

従来の相続税評価額と市場価格理論値との乖離（評価乖離率）は「4.095」、したがって区分所有補正率は「2.457」。改正後の相続税評価額は、従来の相続税評価額の2.457倍となります。

$$\text{「従来の相続税評価額」} \times \underbrace{\overbrace{\text{評価乖離率（4.095）} \times 0.6}^{\text{区分所有補正率（2.457）}}}_{\text{市場価格理論値}} = \text{改正後の相続税評価額}$$

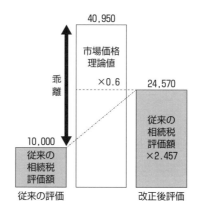

●人気のある地区のマンション

　従来の相続税評価額と市場価格理論値との乖離（評価乖離率）は「2.610」、したがって区分所有補正率は「1.566」。改正後の相続税評価額は、従来の相続税評価額の1.566倍となります。

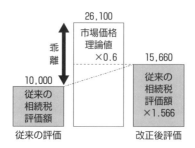

(2) 札幌市の事例

　札幌市では、タワーマンションは居住用としての購入に加え、「セカンドハウス」として購入されるケースもあり、幅広い需要があるようです。

第4章　全国のマンションの具体的事例で影響をみたい

●タワーマンション

　従来の相続税評価額と市場価格理論値との乖離（評価乖離率）は「3.692」、したがって区分所有補正率は「2.2152」。改正後の相続税評価額は、従来の相続税評価額の2.2152倍となります。

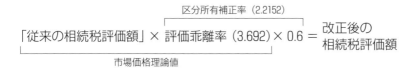

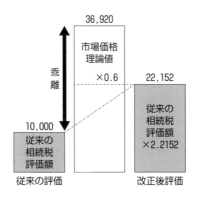

●人気のある地区のマンション

　従来の相続税評価額と市場価格理論値との乖離（評価乖離率）は「2.178」、したがって区分所有補正率は「1.3068」。改正後の相続税評価額は、従来の相続税評価額の1.3068倍となります。

「従来の相続税評価額」× 評価乖離率（2.178）× 0.6 ＝ 改正後の相続税評価額

（区分所有補正率（1.3068）／市場価格理論値）

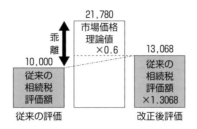

(3) 盛岡市の事例

盛岡市では、中心部の再整備が行われており、その中でもタワーマンションの建設が予定されています。

●タワーマンション

従来の相続税評価額と市場価格理論値との乖離（評価乖離率）は「2.948」、したがって区分所有補正率は「1.7688」。改正後の相続税評価額は、従来の相続税評価額の1.7688倍となります。

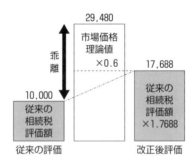

●人気のある地区のマンション

従来の相続税評価額と市場価格理論値との乖離（評価乖離率）は「2.420」、したがって区分所有補正率は「1.452」。改正後の相続税評価額は、

従来の相続税評価額の1.452倍となります。

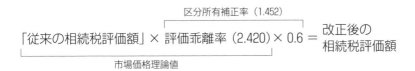

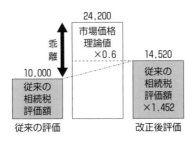

(4) 仙台市の事例

　仙台市では、首都圏へのアクセスの良さもあり、以前から多くのタワーマンションが建設されていました。現在、仙台全域で開発プロジェクトが進行しており、さらにタワーマンションが建設されるようです。

●タワーマンション

　従来の相続税評価額と市場価格理論値との乖離（評価乖離率）は「3.123」、したがって区分所有補正率は「1.8738」。改正後の相続税評価額は、従来の相続税評価額の1.8738倍となります。

「従来の相続税評価額」× 評価乖離率（3.123）× 0.6 ＝ 改正後の相続税評価額

区分所有補正率（1.8738）

市場価格理論値

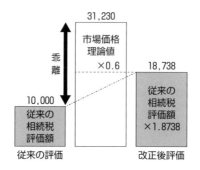

●人気のある地区のマンション

　従来の相続税評価額と市場価格理論値との乖離（評価乖離率）は「2.445」、したがって区分所有補正率は「1.467」。改正後の相続税評価額は、従来の相続税評価額の1.467倍となります。

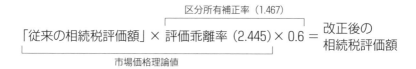

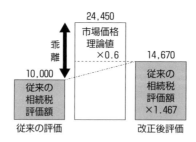

(5) 大宮市の事例

　埼玉県の大規模複合再開発事業によって、浦和や大宮に、タワーマンションが続々と建築されています。県内のマンション最高価格は、今後もさらに高騰していくことが予想されます。

第4章　全国のマンションの具体的事例で影響をみたい

●タワーマンション
　従来の相続税評価額と市場価格理論値との乖離（評価乖離率）は「3.169」、したがって区分所有補正率は「1.9014」。改正後の相続税評価額は、従来の相続税評価額の1.9014倍となります。

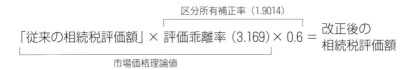

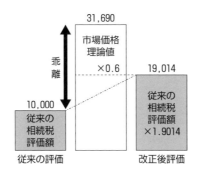

●人気のある地区のマンション
　従来の相続税評価額と市場価格理論値との乖離（評価乖離率）は「2.538」、したがって区分所有補正率は「1.5228」。改正後の相続税評価額は、従来の相続税評価額の1.5228倍となります。

「従来の相続税評価額」× 評価乖離率（2.538）× 0.6 ＝ 改正後の相続税評価額

61

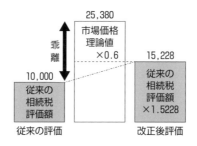

(6) 横浜市の事例

　横浜市は歴史ある港町であり都市計画は進んでいましたが、「国際都市の玄関口としてふさわしいまちづくり」を進める指針として「エキサイトよこはま22」が策定された2009年以降、横浜駅周辺・みなとみらい・北仲など複数のエリアでタワーマンションの建設が加速しました。

●タワーマンション

　従来の相続税評価額と市場価格理論値との乖離（評価乖離率）は「3.459」、したがって区分所有補正率は「2.0754」。改正後の相続税評価額は、従来の相続税評価額の2.0754倍となります。

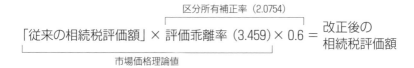

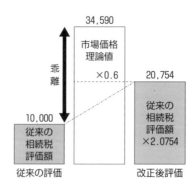

第4章　全国のマンションの具体的事例で影響をみたい

● 人気のある地区のマンション

　従来の相続税評価額と市場価格理論値との乖離（評価乖離率）は「2.138」、したがって区分所有補正率は「1.2828」。改正後の相続税評価額は、従来の相続税評価額の1.2828倍となります。

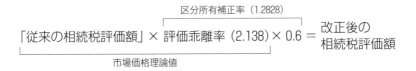

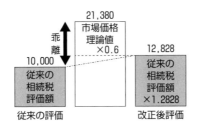

(7) **新潟市の事例**

　新潟市では、駅前を中心に再開発が進んでおり、タワーマンションも建設されています。また、新潟県最高層となる約150mの商業・オフィス・住宅複合型のタワープロジェクトが進んでおり、2029年竣工予定です。

● タワーマンション

　従来の相続税評価額と市場価格理論値との乖離（評価乖離率）は「3.247」、したがって区分所有補正率は「1.9482」。改正後の相続税評価額は、従来の相続税評価額の1.9482倍となります。

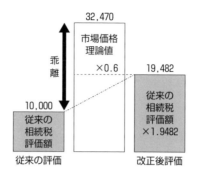

●人気のある地区のマンション

　従来の相続税評価額と市場価格理論値との乖離（評価乖離率）は「2.388」、したがって区分所有補正率は「1.4328」。改正後の相続税評価額は、従来の相続税評価額の1.4328倍となります。

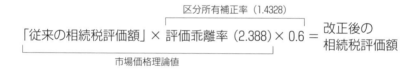

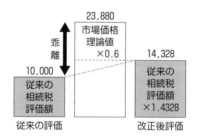

(8) 金沢市の事例

　金沢市には「都市景観条例」による高さ制限の影響もあり、2023年時点で、いわゆるタワーマンション（20階以上）はありません。

　ここでは、いわゆるタワーマンションに近い条件のものをピックアップしています。

第4章 全国のマンションの具体的事例で影響をみたい

●タワーマンション

　従来の相続税評価額と市場価格理論値との乖離（評価乖離率）は「3.239」、したがって区分所有補正率は「1.9434」。改正後の相続税評価額は、従来の相続税評価額の1.9434倍となります。

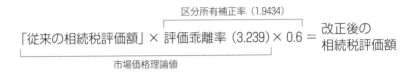

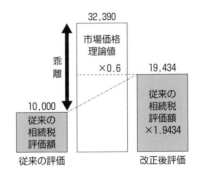

●人気のある地区のマンション

　従来の相続税評価額と市場価格理論値との乖離（評価乖離率）は「2.61」、したがって区分所有補正率は「1.566」。改正後の相続税評価額は、従来の相続税評価額の1.566倍となります。

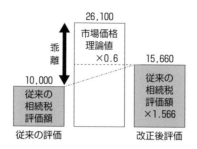

(9) 長野市の事例

長野市では、駅前再開発の計画が進んでおり、新たにタワーマンションを建設する予定もあるようです。

●タワーマンション

従来の相続税評価額と市場価格理論値との乖離（評価乖離率）は「3.311」、したがって区分所有補正率は「1.9866」。改正後の相続税評価額は、従来の相続税評価額の1.9866倍となります。

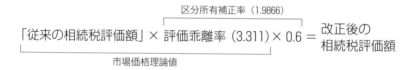

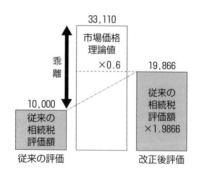

●人気のある地区のマンション

従来の相続税評価額と市場価格理論値との乖離（評価乖離率）は

「2.401」、したがって区分所有補正率は「1.4406」。改正後の相続税評価額は、従来の相続税評価額の1.4406倍となります。

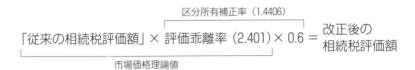

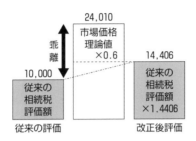

⑽ 静岡市の事例

　静岡県では、静岡市のほか熱海といったリゾート地など、複数のエリアでタワーマンションの建設が相次いでいます。

● タワーマンション

　従来の相続税評価額と市場価格理論値との乖離（評価乖離率）は「3.289」、したがって区分所有補正率は「1.9734」。改正後の相続税評価額は、従来の相続税評価額の1.9734倍となります。

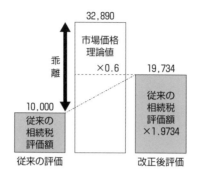

●人気のある地区のマンション

　従来の相続税評価額と市場価格理論値との乖離（評価乖離率）は「2.654」、したがって区分所有補正率は「1.5924」。改正後の相続税評価額は、従来の相続税評価額の1.5924倍となります。

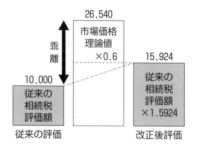

⑾　名古屋市の事例

　名古屋市には名古屋駅徒歩圏内の物件もあり、交通の便もよく、商業施設や官公庁に近い好立地の高級物件も多くあります。

　また名古屋駅周辺の再開発が進み、リニア中央新幹線の開業を見据えた新築タワーマンションの分譲が進んでいます。

第4章 全国のマンションの具体的事例で影響をみたい

●タワーマンション

　従来の相続税評価額と市場価格理論値との乖離（評価乖離率）は「3.790」、したがって区分所有補正率は「2.274」。改正後の相続税評価額は、従来の相続税評価額の2.274倍となります。

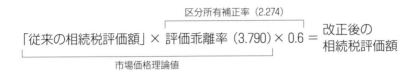

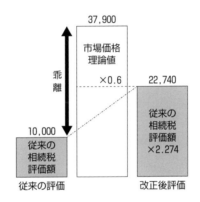

●人気のある地区のマンション

　従来の相続税評価額と市場価格理論値との乖離（評価乖離率）は「2.497」、したがって区分所有補正率は「1.4982」。改正後の相続税評価額は、従来の相続税評価額の1.4982倍となります。

「従来の相続税評価額」× 評価乖離率（2.497）× 0.6 ＝ 改正後の相続税評価額
　　　　　　　　　　　　　　市場価格理論値
　　　　　　　　　　　　区分所有補正率（1.4982）

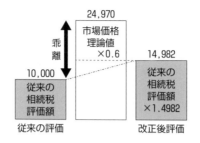

⑿ 京都市の事例

　京都市は景観政策により建物の高さ制限が設けられていましたが、2022年10月に市内南部などで高さ制限を緩和することを発表しました。そのため今後は、タワーマンションの数が増えていく可能性があります。

●タワーマンション

　従来の相続税評価額と市場価格理論値との乖離（評価乖離率）は「3.221」、したがって区分所有補正率は「1.9326」。改正後の相続税評価額は、従来の相続税評価額の1.9326倍となります。

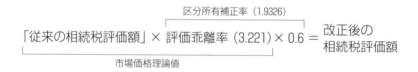

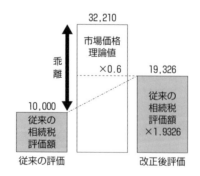

第4章　全国のマンションの具体的事例で影響をみたい

●人気のある地区のマンション
　従来の相続税評価額と市場価格理論値との乖離（評価乖離率）は「2.583」、したがって区分所有補正率は「1.5498」。改正後の相続税評価額は、従来の相続税評価額の1.5498倍となります。

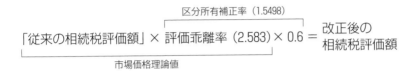

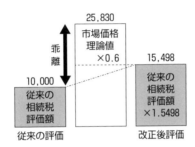

⑬　大阪市の事例

　大阪市では、建築基準法が改正された2000年以降、タワーマンションの供給が急増しました。交通の便や周辺環境の良さから人気エリアが多く存在し、日本有数の高さを誇るタワーマンションもあります。
●タワーマンション
　従来の相続税評価額と市場価格理論値との乖離（評価乖離率）は「3.793」、したがって区分所有補正率は「2.2758」。改正後の相続税評価額は、従来の相続税評価額の2.2758倍となります。

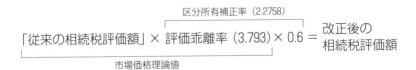

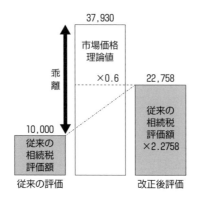

●人気のある地区のマンション

　従来の相続税評価額と市場価格理論値との乖離（評価乖離率）は「2.721」、したがって区分所有補正率は「1.6326」。改正後の相続税評価額は、従来の相続税評価額の1.6326倍となります。

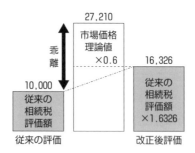

⑭　神戸市の事例

　神戸市の中心部では、2020年の規制により、タワーマンションの新築が難しくなり、既存のタワーマンションの希少性が高まるのではないかと言われています。

第4章 全国のマンションの具体的事例で影響をみたい

●タワーマンション

従来の相続税評価額と市場価格理論値との乖離（評価乖離率）は「3.596」、したがって区分所有補正率は「2.1576」。改正後の相続税評価額は、従来の相続税評価額の2.1576倍となります。

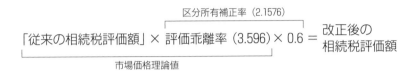

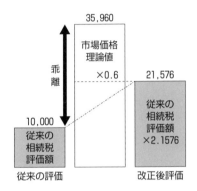

●人気のある地区のマンション

従来の相続税評価額と市場価格理論値との乖離（評価乖離率）は「2.268」、したがって区分所有補正率は「1.3608」。改正後の相続税評価額は、従来の相続税評価額の1.3608倍となります。

「従来の相続税評価額」× 評価乖離率（2.268）× 0.6 ＝ 改正後の相続税評価額

区分所有補正率（1.3608）
市場価格理論値

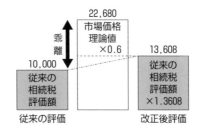

⒂ 広島市の事例

広島市には九州・中四国地域で最も高いタワーマンションがあるなど、タワーマンションの人気が高く、既に約30棟のタワーマンションが建設されています。

●タワーマンション

従来の相続税評価額と市場価格理論値との乖離（評価乖離率）は「3.364」、したがって区分所有補正率は「2.0184」。改正後の相続税評価額は、従来の相続税評価額の2.0184倍となります。

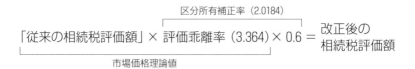

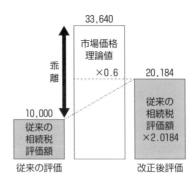

第4章 全国のマンションの具体的事例で影響をみたい

●人気のある地区のマンション

　従来の相続税評価額と市場価格理論値との乖離（評価乖離率）は「2.091」、したがって区分所有補正率は「1.2546」。改正後の相続税評価額は、従来の相続税評価額の1.2546倍となります。

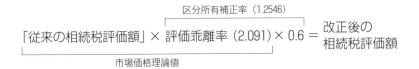

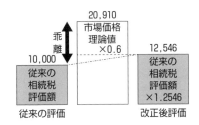

⒃ 高松市の事例

　高松市では、駅前の再開発に呼応するように、新築マンションの建設が続いています。タワーマンションの建設も予定されており、地域の活性化が期待されます。

●タワーマンション

　従来の相続税評価額と市場価格理論値との乖離（評価乖離率）は「3.456」、したがって区分所有補正率は「2.0736」。改正後の相続税評価額は、従来の相続税評価額の2.0736倍となります。

「従来の相続税評価額」× 評価乖離率（3.456）× 0.6 ＝ 改正後の相続税評価額

区分所有補正率（2.0736）
市場価格理論値

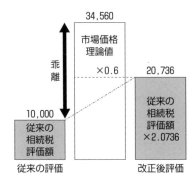

●人気のある地区のマンション

　従来の相続税評価額と市場価格理論値との乖離（評価乖離率）は「2.423」、したがって区分所有補正率は「1.4538」。改正後の相続税評価額は、従来の相続税評価額の1.4538倍となります。

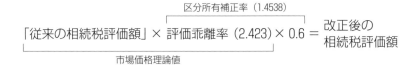

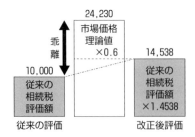

⑴ 松山市の事例

　松山市では「松山市景観計画」のもと、景観保全を大切にしながら、中心部の再開発を進めています。新型コロナウイルスの感染拡大などを理由に休止していた事業も再始動し、ホテルを核とした複合施設と高層マン

第4章 全国のマンションの具体的事例で影響をみたい

ションのツインタワーの建設が予定されています。
●タワーマンション
　従来の相続税評価額と市場価格理論値との乖離（評価乖離率）は「3.331」、したがって区分所有補正率は「1.9986」。改正後の相続税評価額は、従来の相続税評価額の1.9986倍となります。

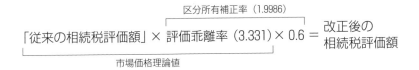

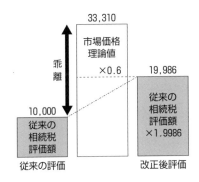

●人気のある地区のマンション
　従来の相続税評価額と市場価格理論値との乖離（評価乖離率）は「1.984」、したがって区分所有補正率は「1.1904」。改正後の相続税評価額は、従来の相続税評価額の1.1904倍となります。

「従来の相続税評価額」× 評価乖離率（1.984）× 0.6 ＝ 改正後の相続税評価額
　　　　　　　　　　　　　　　　区分所有補正率（1.1904）
　　　　　　　　　市場価格理論値

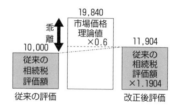

⑱ 福岡市の事例

福岡市の中心部である天神エリアでは「天神ビッグバン」と呼ばれる再開発事業が行われています。オフィスビルの建替えに伴い、高層マンションの需要も高まっている様子です。

● タワーマンション

従来の相続税評価額と市場価格理論値との乖離（評価乖離率）は「3.591」、したがって区分所有補正率は「2.1546」。改正後の相続税評価額は、従来の相続税評価額の2.1546倍となります。

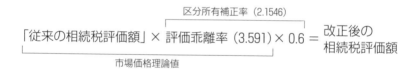

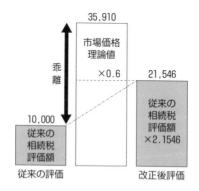

● 人気のある地区のマンション

従来の相続税評価額と市場価格理論値との乖離（評価乖離率）は

「2.388」、したがって区分所有補正率は「1.4328」。改正後の相続税評価額は、従来の相続税評価額の1.4328倍となります。

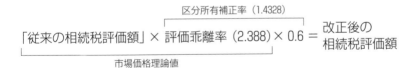

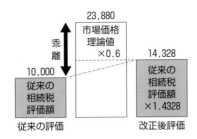

⑲ 熊本市の事例

熊本市では、台湾企業の進出が相次いでいることから、タワーマンションも投資目的として購入されるケースが増えているようです。

● タワーマンション

従来の相続税評価額と市場価格理論値との乖離（評価乖離率）は「3.509」、したがって区分所有補正率は「2.1054」。改正後の相続税評価額は、従来の相続税評価額の2.1054倍となります。

「従来の相続税評価額」× 評価乖離率（3.509）× 0.6 ＝ 改正後の相続税評価額

区分所有補正率（2.1054）
市場価格理論値

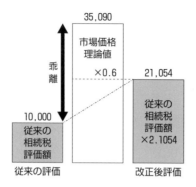

●人気のある地区のマンション

　従来の相続税評価額と市場価格理論値との乖離（評価乖離率）は「2.251」、したがって区分所有補正率は「1.3506」。改正後の相続税評価額は、従来の相続税評価額の1.3506倍となります。

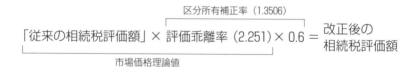

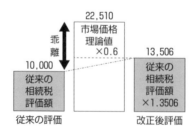

⑳　鹿児島市の事例

　鹿児島県で最も高い建造物は、駅に直結する複合型ビルですが、その上層階がタワーマンションになっています。また、現在「鹿児島市の再開発」が行われており、同程度の高さの複合施設が建設される予定です。

第4章　全国のマンションの具体的事例で影響をみたい

●タワーマンション

　従来の相続税評価額と市場価格理論値との乖離（評価乖離率）は「3.597」、したがって区分所有補正率は「2.1582」。改正後の相続税評価額は、従来の相続税評価額の2.1582倍となります。

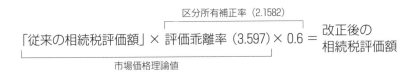

「従来の相続税評価額」× 評価乖離率（3.597）× 0.6 ＝ 改正後の相続税評価額
　　　　　　　　　　　　　　市場価格理論値

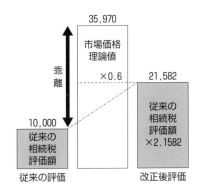

●人気のある地区のマンション

　従来の相続税評価額と市場価格理論値との乖離（評価乖離率）は「2.515」、したがって区分所有補正率は「1.509」。改正後の相続税評価額は、従来の相続税評価額の1.509倍となります。

「従来の相続税評価額」× 評価乖離率（2.515）× 0.6 ＝ 改正後の相続税評価額
　　　　　　　　　　　　　　市場価格理論値

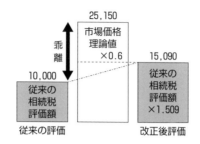

コラム タワマンの歴史

　日本で最初のタワーマンション「通称：タワマン」は今から約48年前、1976年に建築された埼玉県さいたま市にある「与野ハウス」と言われています。21階建て、総戸数463戸、JR埼京線・北与野駅前の大規模マンションです。"タワマン"とは、高さが60mを超える超高層マンション（階数にすると20階超）を指します。当時、タワマンを建てるには、容積率や日照権の問題で今よりも広大な敷地を要したため、タワマン建築は郊外や河川沿いなどが中心でした。

　都心部におけるタワマン建築が一般的になったのは、1997年の都市計画法・建築基準法の改正以降です。「高層住居誘導地区制度」が創設され、指定された区域においては住居に係る容積率の引き上げが可能となりました。また、共用の廊下や階段部分の面積を延べ床面積に算入しないなど、容積率制限の改正がされたことで、都心部において超高層マンション建築が可能となったのです。

　改正に至った背景を辿ってみましょう。1970年代、地方圏から首都圏への人口流入が急増し、住宅が不足したことで人々は都心部から郊外へと移り住むようになります。人々の憧れは「庭付き一戸建」という時代でした。1980年代後半からバブル期にかけて土地が高騰し、都心部における土地利用は住宅からオフィスへと変化、都心部から郊外への住民の移動はさらに拍車がかかりました。ところが、住民が少なくなり空洞化した都心部では、地域コミュニティの衰退などの弊害が生じるようになってしまったのです。そこで国は、都心住居の回帰を図るべく、都市部において利便性の高い高層住宅の供給や職住近接を実現するために、都市計画法・建築基準法の改正を行いました。そして、改正から3年後の2000年以降（タワマンの建築期間は一般的なマンションよりも長く、おおよそ2年～3年かかるため）、タワマンの供給量が急

増したというわけです。

　駅近の利便性の高い土地にタワマンが建築できるようになり、自らの住居としての需要のみならず、投資用としても需要が集まりました。そして、今回の相続税評価方法の改正に至った"行き過ぎた節税"目的の購入者の需要も増加、タワマンの供給戸数は急激に増加しました。2007年にピークを迎え、2008年のリーマンショック後に減少しますが、引き続きその需要は高く、最近ではタワマン用地の不足も言われていますが、まだまだ多くのタワマン建築が予定されています。

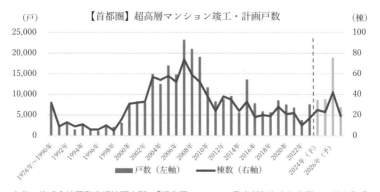

出典：株式会社不動産経済研究所　「超高層マンション動向2024」より山田コンサル作成

　ところで、タワマンが誕生してから約48年。マンションの耐用年数は47年ですので、そろそろ建て替えを検討する時期が到来します。また、ピーク時に建てられた大量のタワマンは、大規模修繕の時期を迎えます。タワマンの総戸数は一般的に100戸以上、大規模なものだと2,000戸以上の物件もあります。建て替えや大規模修繕には所有者の合意が必要不可欠ですが、これだけの世帯数の合意形成を図るのは容易ではありません。また、大規模修繕の費用不足も心配です。昨今の物価高や円安、人手不足、さらには建築業界の2024年問題などさまざまな要因によって、近年高騰している建築コスト・修繕コストはさらに上昇しており、今まで

に積み立てられている修繕積立金では賄えない可能性も大いにあります。また、新築当初に設定された修繕積立金が一般的な水準よりも低いケースも見られます。修繕積立金が貯まっていないのに、大規模修繕が必要な時期が到来すれば、追加の費用負担が発生します。適切な修繕が施されなければ資産価値は保てません。将来、人口減少を受け、かつて人気だった郊外のニュータウンや団地のように、やがてゴースト化するタワマンもあるかもしれません。今後どのような変遷を辿るのか、気になるところです。

コラム　地方におけるタワーマンション事情

　タワーマンション（タワマン）というと東京、大阪といった大都市に立地するイメージがあります。2023年12月末時点でのタワマンの棟数は、全国1,515棟のうち1,279棟、約84％が３大都市圏（首都圏、中部圏、近畿圏）で建設されているものです（図参照）。一方で、地方でもタワマンの供給数は増えており、2023年の竣工件数では、48棟のうち16棟と１/３が地方（３大都市圏以外）であり、タワマンがない県は９県のみとなっています。具体的に建

図　都道府県別タワーマンション棟数（2023/12月末）

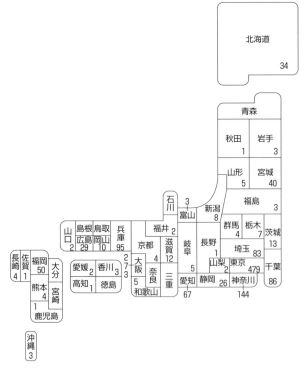

出典：株式会社東京カンテイ　プレスリリース/2023年タワーマンションのストック数（都道府県）から山田コンサル作成

設数が多い県としては、北海道が34棟、宮城県が40棟、広島県が29棟、福岡県が50棟などとなっており、これまで地方の中枢都市での開発が進んできたことがうかがえます。今後はそれに加え、青森駅前に商業施設等が併設されたタワマンの計画があるなど、新幹線ターミナル駅周辺での開発も活発化していくと見込まれています。

　都市圏と地方におけるタワマン開発には、いくつかの特徴的な違いが見られます。まずは、地価の違いを要因としたものです。都市圏（特に首都圏）では地価の上昇が続いており、それを反映してタワマンの分譲価格も高騰しています。一方で、地方では、相対的に地価が低いことで、都市圏に比べれば手頃な価格で購入することが可能となっています。

　次に、マーケット状況による違いです。都市圏ではタワマンがすでにかなりの棟数で分譲されており、タワマンであることだけでは特別な住宅とは見られなくなっており、新規物件は常に既存物件との競合にさらされています。一方で地方では、タワマンがまだ目新しい住宅形態であるエリアも多く、市場に成長の余地があると考えられています。加えて、タワマンは地域のランドマークとして都市の魅力を高め、ブランドイメージの向上に寄与する潜在力を持っていることも開発が進む理由です。

　地方自治体はこうした効果を期待して政策による後押しをしています。課題はあるもののコンパクトシティ構想の下で、地方自治体は中心市街地の再開発を推進しており、その目玉プロジェクトとしてタワマン（又はタワマンを含む複合建築物）の建設計画を都市計画上支援する動きが見られます。中心部における人口増加と都市機能の集約化を図るための起爆剤としたいとの発想です。

　他方、購入者側のタワマンに対するニーズとして、地方におけるライフスタイルの変化といった事情もあります。これは都市圏でも起こっていることですが、高齢化が進む地方都市では、高齢者が生活の利便性を求めて都市機能の集まる中心部へ移住する、Uターンや地方移住者も含めた地方都市で働く若者において共働

き世帯の増加や職住近接の志向が強まるなど、地方においても生活様式の変化に合わせた住宅供給が求められており、そうしたニーズに応えるものとしてタワマンという住宅形態へのニーズが生まれています。

　このように、タワマン建設は、地方においても不動産業界に新たな成長市場を生み出すとともに、地域住民にとってもライフスタイルの変化に応じた新たな居住形態の選択を用意するものです。さらに、単なる住宅供給の側面だけでなく、人口減少の下での社会インフラの維持といった地方が抱える社会的課題を考えるうえでも、地方でのタワマン建設がどのように推移していくかについて、今後とも注視していく必要があります。

第4章　全国のマンションの具体的事例で影響をみたい

コラム　マンション相続税評価方法改正と都市部マンション市況

　"マンション相続税評価方法改正により、取引件数が細るのではないか…"と、真しやかにささやかれていましたが、実際の現場では、そのような様相は微塵も感じられないようです。

　都内一等地の新築マンションの購入サポート業務を行っていても、新築マンションは立地等がよい人気物件の場合、価格が1億円を超えてもほとんど抽選になるほど応募が殺到しています。特にハイグレードマンションはその傾向が顕著に現れており、デベロッパーによっては自社ホームページに掲載すらせず、全て水面下での売却を行うこともあります。それほどに活況ということになります。

　その需要が高まっている要因は実際に住まう実需目的だけではありません。価格が上がっていく今の市況の中でキャピタルゲインを得ようとする投資目的の購入、そして、相続税評価方法改正後においても一定の評価減効果もあることから、いわゆる相続税対策としての購入も2〜3割程度見受けられます。

　また、購入者の属性は、肌感覚ではありますが、新築時にデベロッパーから購入する一次取得者の2〜3割は外国籍の方、そして、その一次取得者から購入する二次取得者の5割程度が外国籍の方というイメージです。これは、一次取得の場合、デベロッパー側で、購入者が日本国内に口座を持っていなければならないなど、購入者に対して制限をかけている場合がありますが、一方、二次取得に対してはその制限がないためです。また、不動産会社が投機的に一次取得者や二次取得者として購入していることも散見されます。

　そういった二次取得者の存在が、マンション市況を下支えしていると言えます。

コラム　これからのタワーマンション投資

　昨今、上昇が著しい東京都内の住宅価格ですが、投資目的での購入が増えていることがその要因の一つと言われています。

　国交省「平成30年度マンション総合調査結果報告書（マンションを取り巻く環境について）」によると、築10年以下のタワーマンションの賃貸割合は約21％となっており、10年前の同調査結果（約9％）に比べ倍以上に増えています。一般的に投資目的で購入した不動産は賃貸に供され、近年もさらにタワーマンションは投資対象としての需要が高まってきています。

　タワーマンションは圧倒的な眺望や日照に加えて良好な住環境や交通利便性、さらには高い資産価値という点がメリットとされている一方で、供給過剰や長期的な維持管理の困難さ、災害時のライフラインなどの点がデメリットとして言われています。

　これまで全国で約1,500棟のタワーマンションが建築されており、今後も東京を中心にタワーマンションは増加していくことが予測されています。

　その中でどのようなタワーマンションが投資市場で優位性を維持していく可能性が高いのか、これまでさまざまな投資家と接してきた経験を踏まえて整理します。

１．ターミナル駅

　これまで供給されてきたタワーマンションの多くは駅に近接していましたが、ビジネス街や繁華街までの距離についてはさまざまでした。近年はこれらのビジネス街や繁華街にあるターミナル駅においてタワーマンションの開発が増えています。これらのタワーマンションは高い交通利便性に加えて幅広いライフスタイルへ適応し易く、さらに希少性もあるため市場での優位性のみならず資産価値という面でも優れています。

　特に、港区や千代田区、渋谷区など都心部におけるターミナル駅のタワーマンションは人気が高く、市場に出回ることがほとん

どないと感じます。

2．ゆとりのある広さ（100㎡以上）

　都心部のタワーマンションは差別化が進んでおり、これまでのタワーマンションに比べ面積の大きい（100㎡〜200㎡）部屋が一定数あるのも特徴です。このような物件は、戸建と同水準の広さという特徴に加え、設備もグレードが高いものが多いため、快適性に優れています。よりよい条件を備えているタワーマンションがほしいという国内の富裕層や外国人投資家、外国人駐在員を抱える外資系企業などからの人気が高く、一般的な広さ（100㎡未満）のタワーマンションよりも価格水準が高位となっています。

3．大規模再開発

　2003年ごろからタワーマンションの供給が急増していますが、当初のタワーマンションは単体での開発がほとんどでした。最近、都心部では大規模再開発においてタワーマンションが建設されるケースが増えています。大規模な再開発では住居のみならずオフィスや商業等、さまざまな用途の建物が建設されます。そのため、災害時の避難対策などの高い安全性や最新テクノロジーを活用したアート・エンターテインメントなどの高い娯楽性を有しているなど、居住者のみならず、就業者や観光客も対象とした環境づくりがされているものが増えています。昨今、日本国内においては自然災害が多く発生していることもあり、高い安全性を有しているタワーマンションはとても人気が高いようです。

　2003年頃開発された六本木ヒルズや、2023年に開業した麻布台ヒルズが有名ですが、今後は高輪ゲートウェイや築地の再開発でもタワーマンションが予定されており気になるところです。

4．世界の東京

　近年、世界各国の不動産を投資対象とする投資家が増えています。このような投資家は東京という都市又は都内の街が世界の都市と比較して魅力や機能の面で向上し続ければ、不動産の価値も上昇していくと考えて投資を行います。日本は世界の各都市と比較して社会情勢及び不動産市場が安定しており、さらに、不動産

価値も割安であるという認識が持たれています。日本国内の不動産投資市場は人口減少による規模縮小が取り沙汰されていますが、東京都心部については上記のような視点で投資判断が行われています。特に港区や千代田区、渋谷区など東京都心部のタワーマンション投資における海外投資家の割合は2割を超える物件もあると言われており、東京都心部のタワーマンション投資においては、将来的な市場縮小のリスクはほとんど考えられていないようです。

　これまでは一般的に不動産は古くなると価値が下がるという認識のもとに市場が形成されてきましたが、タワーマンション投資においては不動産個別の条件よりもその街や都市の成長性が重視され、また、投資家の投資に対する意思決定スピードも速くなっています。このような変化は、投資対象となる不動産のエリアや種類によって投資判断の基準が明確になっていることや海外投資家など投資プレイヤーの幅が広がっていることの表れのように感じます。今後、東京の不動産に適切かつスピーディーな投資を行うためには、投資対象となる不動産のエリア・種類によって適した投資判断基準や視点を持つことが大切になってくるのではないでしょうか。

第 **5** 章

今回のマンション評価方法の改正の対象とならないマンション

今回のマンションの相続税評価方法の改正は、タワーマンションなど一部のマンションだけが影響を受けるわけではなく、中層・低層の一般的なマンションも影響を受けます。ただし、すべての居住用建物、マンションが対象となるということではありません。いわゆる分譲マンションの一室が対象であり、例えば、一棟を単独で所有している賃貸マンションや二世帯住宅は、改正の対象から除外されています。この章では、今回の改正の対象となるマンション、対象外のマンションについてお話しします。

1 概要

　2024年（令和6年）1月1日以降に相続、遺贈又は贈与により取得した「居住用の区分所有財産」については、改正されたマンションの評価方法により相続税評価額を計算します。
　「居住用の区分所有財産」とは、相続税における財産評価基本通達上、一棟の区分所有建物に存する居住の用に供する専有部分一室に係る「区分所有権（家屋部分）」及び「敷地利用権（土地部分）」となっています。分かりやすくいうと、区分所有の居住用マンション（いわゆる分譲マンション）一室の家屋部分と土地部分ということです。ポイントは、
　① 　区分所有登記された建物
　② 　その居住用の一室
　ただし、ポイント①②に該当していても、改正の対象とならないものがあります。例えば、区分所有登記されている居住用の建物であっても、二世帯住宅や2階建ての集合住宅などは対象から除外されています。また、3階以上の建物であっても、三世帯住宅のように本人・親族の居住用を目的としている建物など、対象から除外されるものもあります。

2 改正の対象となるマンションの判定

　マンションの評価方法の改正の対象となるマンションか否か、簡単に判定できるようフローチャートを作成しました。
　このフローチャートで、「マンション評価方法の改正の対象」となった

第5章　今回のマンション評価方法の改正の対象とならないマンション

マンションのうち、居住用の専有部分一室に係る区分所有権（家屋部分）及び居住用の専有部分一室に係る敷地利用権（土地部分）が、改正されたマンション評価方法の対象となります。

　なお、フローチャートの内容の各解説は、97ページ以降にあります。

【マンション評価方法の改正の判定フローチャート】

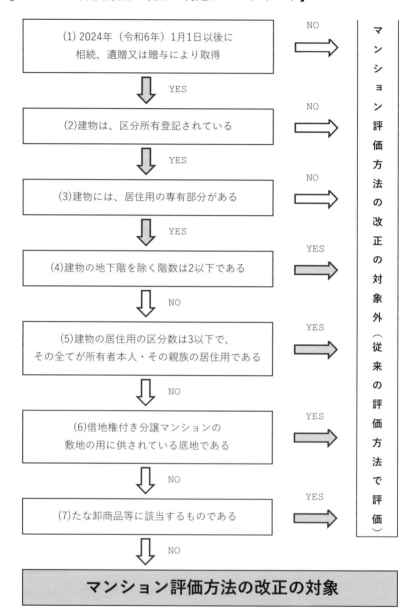

第 5 章　今回のマンション評価方法の改正の対象とならないマンション

⑴　2024年（令和 6 年） 1 月 1 日以後に、相続、遺贈又は贈与により取得

　改正の対象となるマンションは、2024年（令和 6 年） 1 月 1 日以後に、相続、遺贈又は贈与により取得したものです。相続開始日又は贈与日が、2023年（令和 5 年）12月31日以前の場合は、全て従来通りの評価方法により評価します。

⑵　建物は、区分所有登記されている

　まず、区分所有登記されているマンションが、改正の対象となります。

　財産評価基本通達上、「一棟の区分所有建物」とは区分所有者が存する家屋をいい、区分所有者とは区分所有権を有する者をいいます。区分所有権は、一般に「区分所有登記がされることによって、外部にその意思が表示され成立するとともに、その取引がなされる」ため、区分所有登記されている建物を前提としています。

　よって、区分所有登記することが可能なマンションであっても、所有者が建物一棟を全て所有して賃貸に供している「一棟単独所有の賃貸マンション」のように、区分所有登記されていないものは、改正の対象ではありません。また、複数人で所有していたとしても区分所有登記ではなく、共有で持っている建物については、対象から除外されます。なお、一棟単独所有の賃貸マンションであっても、区分所有登記された建物で、その区分所有登記された専有部分を全て一人で所有している場合には、区分所有登記されている建物として、改正の対象となります（国税庁「居住用の区分所有財産の評価に関するＱ＆Ａ（以下、国税庁Ｑ＆Ａ）」より）。

　区分所有登記されているか否かは、登記簿で確認ができ、登記簿上に「専有部分の家屋番号」という項目があれば、区分所有登記されている建物です。

【改正の対象ではない建物の例】

【登記簿のサンプル（区分所有登記）】

専有部分の家屋番号	132-4-1 132-4-101〜132-4-110 132-4-201〜132-4-218 132-4-301〜132-4-318 132-4-401〜			
表　題　部	（一棟の建物の表示）	調製　余白	所在図番号	余白
所　在	渋谷区渋谷●丁目××		余白	
建物の名称	渋谷●●マンション		余白	
①　構　造	②　床　面　積　㎡		原因及びその日付〔登記の日付〕	

(3) 建物には、居住用の専有部分がある

「居住の用に供する専有部分一室」の「居住用」とは、一室の専有部分について、構造上、主として居住の用途に供することができるものをいいます。構造上、主として居住の用途に供することができるものであれば、事務所として使用している場合であっても、マンション評価においては「居住用」となります。

一方、構造上、主として居住の用途に供することができない商業用のビルや事業用のテナント物件などは対象から除外されます。商業用のビルや事業用のテナント物件が改正の対象から除外されているのは、売買の取引市場や売買価格の設定が居住用の物件とは大きく異なるためです。

居住用か否かの判断は、登記簿を確認します。原則として、登記簿上の建物の種類に「居宅」が含まれていると、居住用に該当します。

一方、登記簿上の建物の種類に「共同住宅」とされているものがありますが、これは一般に、数個に独立して区画され、数世帯がそれぞれ独立して生活できる構造のものです。登記簿上の建物の種類の「居宅」とは異なり、売買の取引市場や売買価格の設定において、一棟単独所有の賃貸マンションに類似するものと考えられます。原則として、「居住の用に供する専有部分一室」に該当しないものとして差し支えないとされているため、

第5章　今回のマンション評価方法の改正の対象とならないマンション

改正の対象外となります（国税庁Q＆Aより）。

【登記簿のサンプル（居住用）】

表　題　部	（専有部分の建物の表示）		
家屋番号	渋谷●丁目××		
建物の名称			
① 種　類	② 構　造	③ 床　面　積　㎡	
居宅	鉄骨鉄筋コンクリート造1階建	8 階部分	103：84

【登記簿のサンプル（共同住宅）】

表　題　部	（主である建物の表示）	調製	令和●年●月●日
所在図番号	余　白		
所　在	渋谷区渋谷●丁目××		
家屋番号	14番1		
① 種　類	② 構　造	③ 床　面　積　㎡	
共同住宅	鉄骨造亜鉛メッキ鋼板葺3階建	1階 2階 3階	135：52 135：52 135：52

(4)　「建物の地下階を除く階数が2以下」は改正の対象外

　地下階を除いて、2階建て以下の区分所有建物、つまり2階建て以下の低層マンションも改正の対象から除外されています。また、地下1階、地上2階建てのマンションも、地下階を含む総階数は3となりますが、地下階を除いて階数の判定をするため、改正の対象から除外されます。なお、地下階は、登記簿上の「地下」の記載により判断できます。

　階数が2以下の建物が改正の対象から除外されているのは、売買実例が乏しいためです。分譲マンションは売買の取引市場の規模が大きく、売買実例も数多くあるため、その売買実例価額を基にマンションの評価方法を改正しました。しかし、二世帯住宅や2階建てマンションは、それらの分譲マンションとは売買の取引市場が異なり、売買実例に乏しいため、改正

の対象から除外されました。

【改正の対象ではない建物の例（2階建て以下、地下階を除いて階数を判定)】

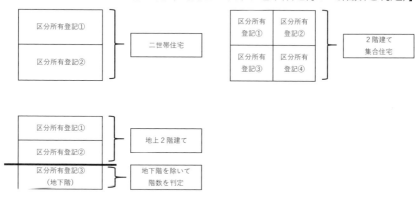

【登記簿サンプル（地下階）】

専有部分の家屋番号	132-4-1　132-4-101〜132-4-110　132-4-20 132-4-318　132-4-401〜		
表　題　部	（一棟の建物の表示）	調製	余　白
所　在	渋谷区渋谷●丁目××		
建物の名称	渋谷●●マンション		
①　構　造	②　床　面　積　㎡		
鉄骨鉄筋コンクリート造ステンレス鋼板葺地下1階付4階建	1階　　2527：66 2階　　2420：86 3階　　2567：40 4階　　2501：97 地下1階　3159：69		

(5) 「建物の居住用の区分数が3以下で、その全てが所有者本人・その親族の居住用」は改正の対象外

　今回の改正は、いわゆる分譲マンションの一室を想定しているのであって、本人や親族の自宅として使用している建物まで対象としているものではありません。よって、三世帯住宅や、主に本人と親族の居住用で、一部

を店舗など事業用のテナントとして賃貸している「自宅兼店舗物件」などは、対象から除外されます。

「居住用の区分数が3以下」、「その全てが所有者本人・その親族の居住用である」として改正対象から除外されているものは、下記のような建物です。

① 「居住用の専有部分一室の数が3以下」

居住用の専有部分一室の数が3以下ということであり、区分所有登記された専有部分の数で判断します。一の専有部分に含まれる部屋そのものの数ではありません。例えば、5階建ての建物で、各階を一室ごとに区分所有登記している場合で、1階と2階は店舗、3階・4階・5階は居住用という建物です。

② 「その全てが所有者本人・その親族の居住用である」

所有者本人・その親族の居住用の目的で所有しているものをいいます。例えば、前記①の建物で、3階・4階・5階に居住しているのが、全て所有者本人・その親族という建物は、改正の対象から除外されます。

また、実際には判断に迷うケースもあり、その説明を続けます。「その全てが所有者本人・その親族の居住用」とは、建物所有の目的が所有者本人・その親族の居住用であるということで、居住用以外の用途、又は、所有者本人・その親族以外の第三者の利用を目的とすることが明らかな場合を除いて、「その全てが所有者本人・その親族の居住用」に該当する建物として差し支えないこととされています。例えば、3階・4階・5階とも所有者本人・その親族の居住用の目的で所有していたが、親族の転勤などで、一時的に3階だけ賃貸していたというケースです。この場合には、「その全てが所有者本人・その親族の居住用」に該当する建物として、改正の対象から除外されます（国税庁Q&Aより）。

改正の対象となる建物は、売買の取引市場や売買価格の設定において分譲マンションに類似するものに限定していて、これと異なる二世帯住宅・三世帯住宅などは除外しています。建物がこのような二世帯住宅・三世帯住宅などに該当するかどうかは、所有者本人・その親族の居住用の目的で所有していたかどうかで判断することが相当であると考えられています。

一方、これまで一度も所有者本人・その親族の居住の用に供されていな

かった場合（居住の用に供されていなかったことについて合理的な理由がある場合を除きます）などは、改正の対象となります。例えば、前記①の建物で、4階・5階は本人・親族の居住用だが、3階は第三者の賃貸用の目的で所有しているという建物は改正の対象となるということです。

(注) 親族とは、配偶者、六親等内の血族、三親等内の姻族のことを指します。

【改正の対象ではない建物の例】
（居住用の区分数が3以下、一部店舗など事業用のテナントは除いて判定、すべて所有者本人・その親族の居住用）

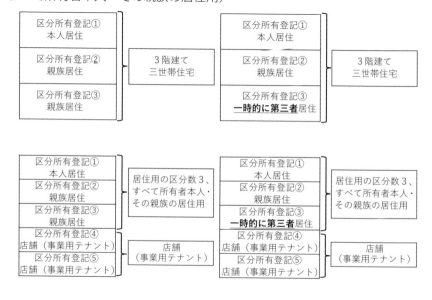

第5章　今回のマンション評価方法の改正の対象とならないマンション

【改正の対象となる建物の例】

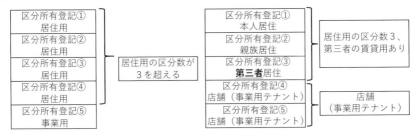

(6) 「借地権付き分譲マンションの敷地の用に供されている底地」は改正の対象外

建物が改正の対象となる区分所有建物の場合、その区分所有建物の居住用の専有部分一室に係る区分所有権（家屋部分）が改正の対象となり、また、その居住用の専有部分一室に係る敷地利用権（土地部分）も改正の対象となります。

しかし、マンションの敷地が借地権である場合のその底地（貸宅地）部分だけを所有している地主について、その底地は改正の対象となりません。これは、土地（底地）の上の建物が、分譲マンションであってもなくても、地主から見るとその利用の制約の程度は変わらないと考えられるからです。よって、地主が土地を賃貸して、借地人がその土地の上にマンションを建てた場合の、その地主が所有している土地（底地）については、マンション評価方法の改正の対象から除外されます。

一方、区分所有建物に係る敷地利用権（土地部分）が借地権である場合のその借地権、つまり、地主から土地を賃借してマンションを建て、そのマンションがマンション評価方法の改正の対象となる建物の場合には、その敷地利用権（土地部分）である借地権もマンション評価方法の改正の対象です。つまり、最近増えてきた定期借地権付き分譲マンションは改正の対象です。

【定期借地権付き分譲マンション】

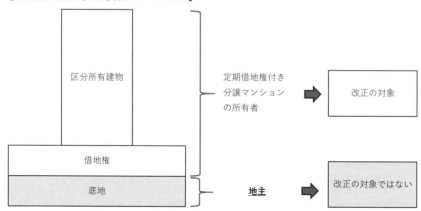

(7) 「たな卸商品等に該当するもの」は改正の対象外

　不動産事業者が販売目的で所有するマンションは、商品として所有している不動産であり、たな卸資産に該当するため、財産評価基本通達上、不動産の評価とは別の評価方法が定められていますので、今回の改正の対象外です。

第 **6** 章

新しい「マンション評価方法」を詳しく知りたい

第2章では、ご自身が所有するマンションが、今回の相続税の評価方法改正の影響を受けるか否か、受ける場合どのくらいの評価額アップとなるか等のイメージを持っていただくために、新しい「マンション評価方法」をできるだけ平易に解説しました。新しい「マンション評価方法」をざっくりと理解する上では、第2章でも十分ですが、より詳細に知りたい、具体的に国税庁の通達等ではどのように規定してあるのか等、より専門的に理解したい方もいらっしゃると思います。

そこで、本章では、そのような方を対象に、国税庁が公表した通達やQ＆Aを基に、より詳細、かつ専門的に新しい「マンション評価方法」について解説します。

1 「マンション評価方法」が改正された背景

第1章では、「有識者会議」において「戸建ての相続税評価額は市場価格の6掛け、マンションの相続税評価額は市場価格の4掛け」と報告され、マンションの方が「時価と相続税評価額の差（乖離）」が大きいことが問題となったと説明しました。

このような問題は、従来から指摘されており、これまでも納税者が路線価等に基づきマンションを評価しても、国税当局から鑑定価格等による時価で評価し直され、課税処分を受けるケースは少なからずありました。特にこうしたケースで争われ、納税者が敗訴した令和4年4月の最高裁判決以降は、課税の公平を図りつつ、納税者の予見可能性を確保する観点などから、マンションの相続税評価に関する通達を見直す必要性が指摘されていました。

このような中で、令和5年度与党税制改正大綱（令和4年12月16日決定）では、「マンションの評価方法については、相続税法の時価主義の下、市場価格との乖離の実態を踏まえ、適正化を検討する。」と、マンション評価の見直しが示唆されました。そして、翌年令和5年1月に「マンションに係る財産評価基本通達に関する有識者会議」が組成され、上記のような報告やさまざまな意見が出されました。

これら有識者会議における意見や、その後のパブリックコメント等を経

第6章 新しい「マンション評価方法」を詳しく知りたい

て、同年9月28日、国税庁より「居住用の区分所有財産の評価について（法令解釈通達）」が発遣され、居住用の区分所有財産（いわゆる「分譲マンションの一室」）に関する評価の見直しが行われました。

2 新しい「マンション評価方法」の概要

新しい「マンション評価方法」は、最低でも「時価（市場価格）の6掛け」相当額を分譲マンション一室の相続税評価額としよう、という改正です。ただ、実際に売買が成立していない分譲マンション一室の「時価（市場価格）」を把握することは困難です。

そこで、新しい「マンション評価方法」では、まず過去の取引事例を基に、「従来の相続税評価額」が「予測される市場価格（市場価格理論値）」と何倍乖離しているのか（何割相当なのか）を求め、その乖離の度合いに応じた「倍率」を乗じて、最低でも「時価（市場価格）の6掛け」相当額に引上げる、といった手法を取っています。

例えば、予測される市場価格が1億円、従来の相続税評価額が5千万円の場合、従来の相続税評価額は、予測される市場価格の5割相当です。この場合、新しい「マンション評価方法」では、従来の相続税評価額を「1.2倍」し、6割相当まで評価額を引上げます。

この従来の相続税評価額を補正する倍率「1.2倍」のことを、新しい「マンション評価方法」では「区分所有補正率」と呼びます。要するに、改正後の相続税評価額は、「従来の相続税評価額」に「区分所有補正率」という倍数を乗じて算定します。

＜新しい「マンション評価方法」の概要＞

従来の相続税評価額 × 評価乖離率（市場価格理論値） × 0.6 ＝ 改正後の相続税評価額
　　　　　　　　　　　　倍率（区分所有補正率）

従来の相続税評価額 × 倍率（区分所有補正率） ＝ 改正後の相続税評価額

107

ところで、一戸建てと異なり、マンションの場合には、法律（区分所有法）により建物部分（区分所有権）と土地部分（敷地利用権）を分離して処分することはできないため、通常、マンション一室の市場価格は、建物部分（区分所有権）と土地部分（敷地利用権）を一体として値決めされます。

しかし、相続税の評価上は、建物部分（区分所有権）と土地部分（敷地利用権）を一体として評価せず、それぞれ別々に評価額を算定するルールとなっています。

このため、新しい「マンション評価方法」においても、建物部分（区分所有権）と土地部分（敷地利用権）は、別々に相続税評価額を算定することとなりますが、その評価額に乗じる「区分所有補正率」は、同一の倍率を使用します。

その理由として、上記の通りマンション一室の市場価格は、建物部分（区分所有権）と土地部分（敷地利用権）を一体として値決めされますが、「区分所有補正率」は、その一体として値決めされた売買実例価額に基づき算定されており、これを建物部分（区分所有権）と土地部分（敷地利用権）に合理的に分けることは困難だからと言われています。

このため、建物部分（区分所有権）と土地部分（敷地利用権）は別々に評価するものの、「区分所有補正率」は、同一の倍率を乗じるルールとなっています。

＜改正後のマンション一室の評価方法＞

```
① 建物部分（区分所有権）
   従来の相続税評価額（固定資産税評価額 × 1.0）
                                    × 区分所有補正率
② 土地部分（敷地利用権）
   従来の相続税評価額（路線価方式又は倍率方式）
                                    × 区分所有補正率
```

同一の倍率

第6章 新しい「マンション評価方法」を詳しく知りたい

　なお、新しい「マンション評価方法」が、最低でも「時価（市場価格）の6掛け」相当額を分譲マンション一室の相続税評価額としよう、という改正のため、従来の相続税評価額が既に「市場価格理論値の6掛け」に追いついている場合には、改めて補正をする必要性が乏しいことから、補正はせず従来の相続税評価額のまま評価することとなります。

3 「区分所有補正率」の算定
～改正により評価額が「従来の相続税評価額」の何倍になるのか～

　国税庁公表のQ&Aにある「新しい『マンション評価方法』のフローチャート（一部改編）」に従って、評価額算出の手順を見ていきましょう。
　前項でご説明した通り、新しい「マンション評価方法」は、従来の相続税評価額に「区分所有補正率」を乗じることで算定します。このため、「区分所有補正率」の算定が、新しい「マンション評価方法」のポイントとなりますが、「区分所有補正率」を算定するためには、まずは分譲マンションの築年数や総階数等の要素を基に、「予測される市場価格（市場価格理論値）」と従来の相続税評価額との乖離度合い（この乖離度合いを「評価乖離率」といいます。）を算定する必要があります。
　まず「評価乖離率」の算定方法を確認していきましょう。

(1) 評価乖離率（「市場価格理論値」と「従来の相続税評価額」との乖離率）

＜新しい「マンション評価方法」のフローチャート：(1)評価乖離率の算定＞

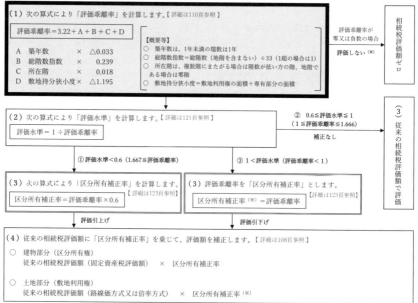

出典：「居住用の区分所有財産の評価に関するQ&A」（国税庁資産評価企画官）を基に筆者改編

① 「評価乖離率」を決める4要素

新しい「マンション評価方法」は、最低でも「時価（市場価格）の6掛け」相当額を分譲マンション一室の相続税評価額としよう、という改正です。ただ、実際に売買が成立していない分譲マンション一室の「時価（市場価格）」を把握することは困難です。

そこで、新しい「マンション評価方法」を設計するに当たり、国税庁が過去の取引事例（平成30年（2018年））を調べ、売買実例価額とその当時の相続税評価額がどの程度乖離していたかを確認したところ、平均で2.34倍の乖離が確認され、また、2倍以上乖離している事例は、約65％存在することが確認されたそうです。

第6章　新しい「マンション評価方法」を詳しく知りたい

　そして、この乖離の主な要因として考えられる（A）築年数、（B）マンションの総階数指数、（C）所在階（当該一室の階数）、（D）敷地持分狭小度（マンション一室の床面積と、それに付随する敷地利用権（宅地）の面積の比率）を基に、過去の取引事例を分析（重回帰分析）したところ、統計上有意な結果を得られたそうです。もちろん、乖離の要因として、これら4要素以外も考えられるところですが、主に次の理由から、築年数等の4要素に決定されたそうです。
　イ　納税者自身で容易に把握し易い指数であること
　ロ　他の要因に比し、特に影響度の大きい要因であると考えられること
　このような理由から、新しい「マンション評価方法」では、築年数等の4要素を基に、「予測される市場価格（市場価格理論値）」と「従来の相続税評価額」との乖離度合い（評価乖離率）を算定することとなりました（具体的な計算方法は、次の②でご紹介します。）。
　そして、求めた「評価乖離率」を「従来の相続税評価額」に乗じることで、実際に売買が成立していない分譲マンション一室の「予測される市場価格（市場価格理論値）」も算定できるようになります。

> 市場価格理論値 ＝ 従来の相続税評価額 × 評価乖離率
> 　　　　　　　　　　　　　　　　　　　└▶ 4要素を基に算定

②　「評価乖離率」を求める具体的計算
　それでは、実際に「予測される市場価格（市場価格理論値）」と「従来の相続税評価額」との乖離度合い（評価乖離率）をどのように求めるのか見ていきましょう。
　「評価乖離率」は、次の計算式により算定します。具体的には、乖離率「3.220」倍からスタートし、これに、乖離率「3.220」倍に影響を与える4要素を指数化した「A～D」を加算・減算して求めます。

＜評価乖離率の計算式＞

> 評価乖離率 ＝ 3.220 ＋ A ＋ B ＋ C ＋ D
> 　　　　　　　　　　（築年数）（総階数指数）（所在階）（敷地持分狭小度）

A…「築年数 × △0.033」

マンションの「築年数」に0.033を乗じた数値（A）を「3.220」から減算します。

例えば、新築マンションの場合には、「築年数」が小さいため、相対的に「評価乖離率」は大きくなります。つまり、新築時は乖離率が大きく、その後、年数が経つと乖離率は小さくなります。

なお、「築年数」は、分譲マンションの建築の時から課税時期までの期間とし、その期間に1年未満の端数があるときは、その端数は1年とします。

B…「総階数指数 × 0.239」（小数点以下第4位を切捨て）

「総階数指数」は、「『そのマンションの総階数』÷ 33」（小数点以下第4位を切捨て、1を超える場合は1）で求めます。これに0.239を乗じた数値（B）（小数点以下第4位を切捨て）を「3.220」に加算します。

このため、マンション建物の総階数が低いと乖離率は小さく、総階数が高いと乖離率は大きくなります（ただし、総階数指数は1が上限となるため、33階建て以上のマンションは、「B」に関する影響は一定となります。）。例えば、高層マンションの場合には、総階数指数が大きくなるため、相対的に「評価乖離率」は大きくなります。

なお、総階数指数の算定上、「総階数」には、地下階（登記簿上の「地下」の記載により判断します。）を含まずカウントします。また、総階数を33で除した数値が1を超える場合には「1」とするのは（すなわち、33階を上限とするのは）、高さが概ね100m（1階を3mとした場合、約33階相当）を超える場合には、評価乖離率に与える影響が頭打ちになるからとされています。

C…「所在階 × 0.018」

そのマンション一室の「所在階」に0.018を乗じた数値（C）を「3.220」に加算します。

このため、その一室が低い階にあれば乖離率は小さく、高い階にあれば乖離率は大きくなります。また、「総階数指数」と異なり、「所在階」には上限がないため、高い階にいくほど「C」の値は大きくなります。例えば、高層マンションの高い階の一室は、相対的に「評価乖離率」は大きくなり

ます。

　なお、そのマンション一室が、複数階にまたがる場合（いわゆるメゾネットタイプの場合）には、階数が低い方の階を所在階とします。また、所在階が地下階である場合は、零階とします。

D…「敷地持分狭小度 × △1.195」（小数点以下第4位を切上げ）

　「敷地持分狭小度」は、「一室の床面積」に対する「付随する土地等の面積」の割合で、具体的には、「『敷地利用権の面積[※1]』÷『一室の専有部分の面積（登記簿上の床面積[※2]）』」（小数点以下第4位切上げ）で求めます。これに1.195を乗じた数値（D）（小数点以下第4位を切上げ）を「3.220」から減算します。

　このため、敷地利用権の面積が大きいと乖離率は小さく、敷地利用権の面積が小さいと乖離率は大きくなります。例えば、高層マンションの場合には、付随する敷地利用権の面積は小さく（敷地持分狭小度は小さく）、相対的に「評価乖離率」は大きくなります。

（※1）「敷地利用権の面積」

　次の区分に応じて、それぞれ次に掲げる算式により求めた面積（小数点以下第3位切上げ）となります。また、算式上の「マンション全体の敷地の面積」とは、原則として利用の単位となっている1画地の宅地（評価単位）の地積によるものとされていますが、納税者自身で容易に把握可能な登記簿上の敷地の面積でも差し支えないものとされています。

　　イ　分譲マンションの敷地利用権が敷地権である場合

　　　　マンション全体の敷地の面積 × 敷地権の割合

　　ロ　イ以外の場合（敷地権化されていないマンションや借地権などの場合）

　　　　マンション全体の敷地の面積 × 敷地の共有持分の割合

（※2）「一室の専有部分の面積」

　登記簿上の床面積となります。したがって、共用部分の床面積は含まれないため、固定資産税における床面積とは異なります。

＜4要素が「評価乖離率」に与える影響＞

	4要素	小 ← 評価乖離率 → 大	
A	築年数	築古	新築
B	総階数指数	低層	高層（最大33階まで影響）
C	所在階	低層	高層（階数制限なし）
D	敷地持分狭小度	大	小

第6章 新しい「マンション評価方法」を詳しく知りたい

> **コラム** 有識者会議の資料から見る敷地持分の面積と乖離の関係

　「有識者会議」の資料では、国税庁が作成したさまざまな資料やグラフが紹介されています。その中には、マンションの総階数と敷地持分狭小度の相関関係を示す「総階数別面積比」や、マンションの総階数と乖離率との相関関係を示す「総階数別乖離率」などのグラフがあり、総階数が高いマンションほど「敷地持分狭小度」は小さく（5階0.673⇒20階以上0.201）、また、総階数が高いマンションほど「乖離率」は大きく（5階1.49倍⇒20階以上3.16倍）なる傾向があることを示唆しています。

　一般に20階以上の高層マンションを、タワーマンションと呼びますが、これらの傾向を踏まえると、タワーマンションについては、「乖離率」が大きく、新しい「マンション評価方法」の影響を受けやすい（評価額が上がりやすい）ことが分かります。

（参考）　第2回有識者会議（R5.6.1）資料より　敷地持分の面積と乖離の関係

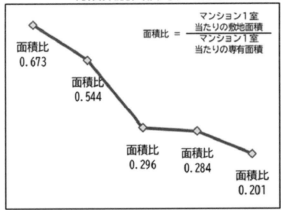

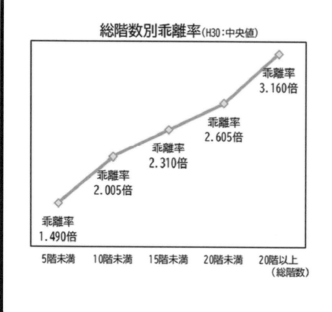

③ 分譲マンションの類型から見る「評価乖離率」の傾向

「評価乖離率」は、乖離率「3.220」倍から、築年数等の４要素に着目した指数（A・B・C・D）を加算・減算して求めますが、これら４要素を踏まえると、分譲マンションの類型に応じて、それぞれ次のような傾向を確認できます。

イ　超高層タワーマンション

超高層タワーマンションの場合、一般に戸数が多く、一室に付随する敷地利用権の面積は小さい（すなわち「敷地持分狭小度」が小さい）ため、「3.220」から減算する数値（D）は小さくなります。

また、超高層タワーマンションの場合、建物の総階数は多く、「総階数指数」は大きくなる（ただし、１が上限）ため、「3.220」に加算する数値（B）は大きくなります。そして、そのマンション一室の所在階が高層階の場合は、「3.220」に加算する数値（C）は大きくなります。その結果、広い敷地にゆったりと建つ低層マンションや中層マンションなどに比べて「評価乖離率」は大きくなります。そして、（他の類型のマンションも同様ですが）築年数が経つにつれてその「評価乖離率」は小さくなっていくことになります。

ロ　広い敷地にゆったりと建つ低層マンション

広い敷地にゆったりと建つ低層マンションの場合、一室に付随する敷地利用権の面積は大きい（すなわち「敷地持分狭小度」が大きい）ため、「3.220」から減算する数値（D）は大きくなります。

また、広い敷地にゆったりと建つ低層マンションの場合、建物の総階数は少なく、「総階数指数」は小さくなるため、「3.220」に加算する数値（B）は小さくなります。そして、そのマンション一室の所在階が低層階の場合は、「3.220」に加算する数値（C）は小さくなります。その結果、超高層タワーマンションなどに比べて「評価乖離率」は小さくなります。そして、築年数が経つにつれてその「評価乖離率」はより小さくなっていくことになります。

ハ　それ以外の中層マンション等

タワーマンションでもなく、ゆったり敷地の低層マンションでもない、一般的な中層マンション等について「市場価格理論値」との乖離が大きい

か小さいかは、実際に数字を入れて「評価乖離率」を計算してみないと分かりません。

ただし、超高層タワーマンションでなくとも「築年数」が新しい、「マンション建物の総階数」が高い、「所在階」が高い、という場合は、「評価乖離率」は大きくなるものと見込まれます。

「有識者会議」の資料によると、平成30年（2018年）中に取引された全国の分譲マンションの相続税評価額と売買実例価額との乖離の度合い（評価乖離率）は、平均で2.34倍、2倍以上は約65％あったそうです。このため、ご自身が保有する分譲マンション一室が、新築の高層タワーマンション等でなかったとしても、新しい「マンション評価方法」の影響を受けるかどうか、確認をすることをおすすめします。

（参考）第2回有識者会議（R5.6.1）資料より　相続税評価額と市場価格の乖離の実態

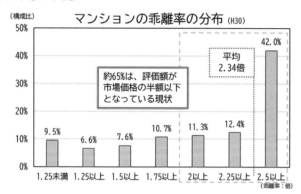

コラム 評価乖離率が零又は負数となる場合は相続税評価額ゼロ？

　「評価乖離率」は、乖離率「3.220」倍からスタートし、これに乖離率「3.220」倍に影響を与える4要素を指数化した「A～D」を加算・減算して求めるため、理論的には、「評価乖離率」が零や負数になることも考えられます。

　「予測される市場価格（市場価格理論値）」が、従来の相続税評価額の何倍かを表したものが「評価乖離率」であることを踏まえると、例えば、評価乖離率が「0.1」の場合、「予測される市場価格（市場価格理論値）」は、従来の相続税評価額の1割相当となりますし、また、「評価乖離率」が「零」の場合には、「予測される市場価格（市場価格理論値）」は、零（つまり、市場価格なし）となります。このため、「評価乖離率」が零又は負数となる場合には、そのマンション一室の相続税評価額は「零」となります。

　どのようなマンションが、「評価乖離率」が零又は負数となるのか分かりませんが、例えば、築年数が100年を超える、低層のゆったりとしたマンションなどは、「評価乖離率」が零又は負数となるかもしれません。海外には、築年数が100年以上といった物件もあるようですが、新しい「マンション評価方法」は、海外の不動産に適用することはできません。海外の不動産については、これまで通り、売買実例価額や精通者意見価格等により評価をします。

　なお、区分所有登記されているマンション（いわゆる「分譲マンション」）一棟の建物部分（区分所有権）及び土地部分（敷地利用権）の全てを単独で所有している場合には、「評価乖離率」が零又は負数となる場合においても、一の宅地を所有している場合と同等の経済的価値を有すると考えられることから、土地部分（敷地利用権）の評価については、（「区分所有補正率」の下限を「1」とすることから）「零」とならず、従来の相続税評価額のま

ま評価するため留意が必要です（当該取扱いは、土地部分（敷地利用権）のみであり、建物部分（区分所有権）については、「零」評価となります。）。

(2) 評価水準（「評価乖離率」の逆数）

＜新しい「マンション評価方法」のフローチャート：(2)評価水準の算定＞

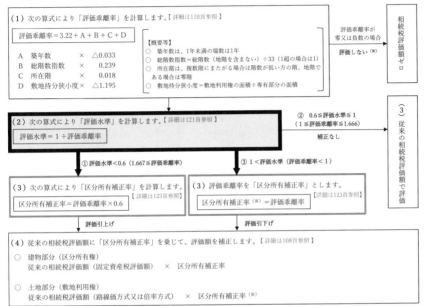

出典：「居住用の区分所有財産の評価に関するQ&A」（国税庁資産評価企画官）を基に筆者改編

　新しい「マンション評価方法」は、最低でも「時価（市場価格）の６掛け」相当額を分譲マンション一室の相続税評価額にしようというものです。
　このため、評価額を補正するに当たり、従来の相続税評価額が、「予測される市場価格（市場価格理論値）」の何割相当の水準にあるのか確認をする必要がありますが、これまで求めてきた「評価乖離率」は、「予測される市場価格（市場価格理論値）」が、従来の相続税評価額の何倍なのかを表したもので、視点（基準）が逆になっています。

・評価乖離率…「予測される市場価格（市場価格理論値）」が「従来の相続税評価額」の何倍なのか表したもの

⇕ 視点（基準）が異なるだけで同じことを言っている

・評価水準…「従来の相続税評価額」が「予測される市場価格（市場価格理論値）」の何割相当の水準にあるのか表したもの

そこで、新しい「マンション評価方法」では、「評価乖離率」の視点（基準）を逆にするために、「評価乖離率」の「逆数」を求め、従来の相続税評価額が、「予測される市場価格（市場価格理論値）」の何割相当の水準にあるのか確認をするようにしています。

新しい「マンション評価方法」では、この「評価乖離率」の逆数のことを「評価水準」と呼び、具体的には、次の算式で算定します。

＜評価水準の計算式＞

| 評価水準（評価乖離率の逆数）＝ １ ÷ 評価乖離率 |

そして、「評価水準」を求めた後は、その割合に応じて、次ページのフローチャートのように従来の相続税評価額に対する補正の仕方も変わります。詳しくは、「⑶区分所有補正率」で解説します。

ところで、「逆数」という言葉自体、馴染みがなく、難しく感じる方もいらっしゃるかもしれません。「逆数」をざっくり言うと、２者の関係で基準「１」を逆にした場合を言います。

例えば、従来の相続税評価額と市場価格理論値との関係において、従来の相続税評価額を基準「１」とした場合の「逆数」は、市場価格理論値を基準「１」とした場合の数値です。

下図のように「評価乖離率」が２の場合（すなわち、従来の相続税評価額を基準「１」とした場合）、その逆数である「評価水準」は、0.5（すなわち、市場価格理論値を基準「１」とした場合）となり、従来の相続税評

第6章 新しい「マンション評価方法」を詳しく知りたい

価額は、市場価格理論値の5割相当であることが分かります。
　なお、実際に「逆数」を求めるときは、分母と分子を逆にすればよいため、「1÷『評価乖離率』」で計算することができます。

○従来の相続税評価額を基準「1」
　とした場合
　（＝評価乖離率2）

○市場価格理論値を基準「1」と
　した場合
　（＝評価水準0.5）

(3) 区分所有補正率（従来の相続税評価額に乗じる「倍数」）

＜新しい「マンション評価方法」のフローチャート＞

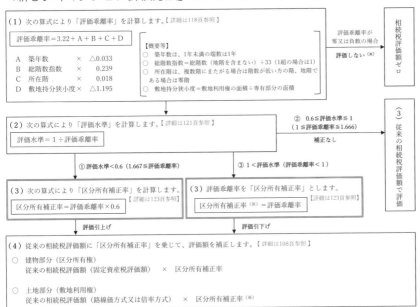

出典：「居住用の区分所有財産の評価に関するQ&A」（国税庁資産評価企画官）を基に筆者改編

ようやく「区分所有補正率」の説明に入ります。読者の中には、すでにお腹一杯という方もいらっしゃると思いますが、本章はこのパートで完成しますので、もう少しお付き合いください。

これまで繰り返し、新しい「マンション評価方法」では、最低でも「時価（市場価格）の６掛け」相当額を分譲マンション一室の相続税評価額としよう、という改正だと説明してきました。

ただ、実際に売買が成立していない分譲マンション一室の「時価（市場価格）」を把握することは困難のため、過去の取引事例を基に、築年数等の４要素から「予測される市場価格（市場価格理論値）」が「従来の相続税評価額」と何倍乖離しているのかを表す「評価乖離率」を求めました（フローチャートの(1)）。

次に、求めた「評価乖離率」を基に「従来の相続税評価額」が「予測される市場価格（市場価格理論値）」の何割相当の水準にあるのかを表す「評価水準」を算定しました（フローチャートの(2)）。

最後に、求めた「評価水準」を基に、最低でも「時価（市場価格）の６掛け」相当額が相続税評価額となるよう倍率を乗じて補正を行います（フローチャートの(3)(4)）。

具体的には、① 従来の相続税評価額が「市場価格理論値」の６掛けに追いついていない分譲マンションの一室については、６掛けとなるよう「市場価格理論値」に「0.6」を乗じて補正（すなわち、評価引上げ）し、② 従来の相続税評価額が市場価格理論値の６掛けに追いついている分譲マンションの一室については、補正を不要（すなわち、従来の相続税評価額のまま）とし、③ 従来の相続税評価額が市場価格理論値を超えている分譲マンションの一室については、市場価格理論値まで評価を引下げる補正を行います。

＜評価水準の区分に応じた補正の仕方＞

評価水準の区分	補正の仕方
① 市場価格理論値の６割未満の場合 評価水準＜0.6 （1.667≦評価乖離率）	市場価格理論値の６掛けまで評価を引上げ 【従来の相続税評価額 × 評価乖離率 × 0.6】 　└▶市場価格理論値

第6章 新しい「マンション評価方法」を詳しく知りたい

評価水準の区分	補正の仕方
② 市場価格理論値の6割以上の場合 0.6≦評価水準≦1 （1≦評価乖離率≦1.666）	従来の相続税評価額のまま （補正をしない）
③ 市場価格理論値を超えている場合 1＜評価水準 （評価乖離率＜1）	市場価格理論値まで評価を引下げ 【従来の相続税評価額 × 評価乖離率】 →市場価格理論値

　それでは、実際に従来の相続税評価額に乗じる倍率である「区分所有補正率」について、見ていきましょう。具体的には、次の区分に応じ、「評価乖離率」を基に「区分所有補正率」は算定されます。
　① 市場価格理論値の6掛けに追いついていない分譲マンションの一室の場合
　従来の相続税評価額が「市場価格理論値」の6掛けに追いついていない分譲マンションの一室の場合（すなわち、評価水準が0.6未満の場合又は評価乖離率が1.667以上の場合）には、従来の相続税評価額が市場価格理論値の6掛けとなるように補正を行います。
　このため、基本的には「市場価格理論値」に0.6を乗じることで補正ができますが、新しい「マンション評価方法」が、従来の相続税評価額に「区分所有補正率」を乗じて補正するルールであることを踏まえると、算式を少し変換させる必要があります。
　具体的には、次の算式のとおり、従来の相続税評価額に乗じる「『評価乖離率』× 0.6」が、この場合における「区分所有補正率」となります。

　|市場価格理論値| × 0.6 ＝「改正後の相続税評価額」
　　　→「従来の算式で求めた相続税評価額」×「評価乖離率」
　⇒「従来の算式で求めた相続税評価額」×|「評価乖離率」× 0.6|
　　＝「改正後の相続税評価額」　　　　　　　　　　→ 区分所有補正率

①に該当するマンションの特徴は、評価乖離率が大きく（1.667以上）、評価水準が0.6未満となるものです。その代表例が、新築の高層タワーマンションとなりますが、一般的な中高層マンションも、実際に計算してみると、評価乖離率が大きく（1.667以上）、評価水準が0.6未満となるケースは多いようです。

　② 市場価格理論値の6掛けに追いついている分譲マンションの一室の場合

　従来の相続税評価額が「市場価格理論値」の6掛けに追いついている分譲マンションの一室の場合（すなわち、評価水準が0.6以上1以下の場合又は評価乖離率が1以上1.666以下の場合）には、補正を行う必要がないことから「従来の相続税評価額」のままです。つまり、今回の改正について影響はありません。②に該当するマンションの代表例は、広い敷地にゆったり建築されている築古の低層マンション（いわゆるビンテージマンション）となりますが、これらのマンションも築年数等によっては、①に該当するため、具体的に「評価乖離率」等を求めてみる必要があります。

　③ 市場価格理論値を超えている分譲マンションの一室の場合

　従来の相続税評価額が「市場価格理論値」を超えている場合（すなわち、評価水準が1超の場合又は評価乖離率が1未満の場合）は、従来の相続税評価額を市場価格理論値まで引下げる必要があります。「市場価格理論値」は、従来の相続税評価額に「評価乖離率（1未満）」を乗じて算定するため、③の場合には「評価乖離率」がそのまま「区分所有補正率」となります。どのようなマンションが該当するかは、一概には言えませんが、いずれにしても該当するマンションは限定的と考えられます。

　| 市場価格理論値 | ＝「改正後の相続税評価額」
　　　┗→「従来の算式で求めた相続税評価額」×| 評価乖離率 |
　　　　　　　　　　　　　　　　　　　　　　　　　┗→| 区分所有補正率 |

　④ 「区分所有補正率」のまとめ

　これまで説明したケースごとの新しい「マンション評価方法」のイメージ図は、次の通りです。

第6章　新しい「マンション評価方法」を詳しく知りたい

＜新しい「マンション評価方法」のイメージ図＞

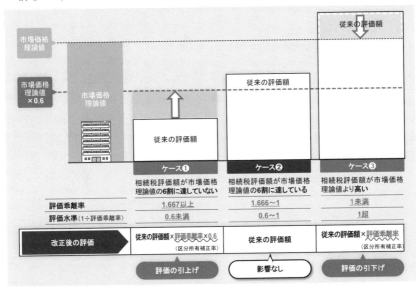

＜従来の相続税評価額に乗じる「区分所有補正率」＞

評価水準の区分	区分所有補正率（倍率）
① 市場価格理論値の6割未満の場合 評価水準＜0.6 （1.667≦評価乖離率）	評価乖離率 × 0.6
② 市場価格理論値の6割以上の場合 0.6≦評価水準≦1 （1≦評価乖離率≦1.666）	補正をしない
③ 市場価格理論値を超えている場合 1＜評価水準 （評価乖離率＜1）	評価乖離率

（注1）「評価乖離率」が零又は負数の場合には、（注2）に該当する場合を除き、原則として分譲マンション一室の相続税評価額は零となります。

(注2)　一棟の分譲マンションを単独で所有している場合における土地部分（敷地利用権）の評価に当たっては、区分所有補正率は「1」を下限とします。

⑤　「区分所有補正率」は、国税庁公開の計算ツールで簡単に算定できる

　新しい「マンション評価方法」は、従来の相続税評価額に「区分所有補正率」を乗じて補正を行います。「区分所有補正率」が、どのようなものかを理解するためには、これまでの説明を理解する必要がありますが、読者の中には、結論（評価に影響があるのか）だけ知りたいという方もいらっしゃると思います。

　実は、これまでの内容を理解しなくとも、国税庁が公開している計算ツール（Excel）を利用することで「区分所有補正率」は簡単に計算することができます。国税庁が公開している計算ツールで「区分所有補正率」を算定する方法は、第7章「登記情報を見て、国税庁HPで具体的計算をしたい」（134ページ）をご参照ください。

⑥　評価乖離率を求める算式及び評価水準に係る0.6の数値は定期的に見直す

　これまでご説明してきた通り、新しい「マンション評価方法」では、過去の取引事例（平成30年（2018年））を基に、実際の取引金額とその当時の相続税評価額がどのくらい乖離していたかを調べ、乖離の要因となる要素、及びその乖離の度合いに基づき、従来の相続税評価額から想定される「市場価格理論値」を算定しています。新しい「マンション評価方法」が、「時価（市場価格）の6掛け」相当額をメルクマールとしているのは、最低でも一戸建て並みの評価水準とするためです。これは、同じ不動産である分譲マンションと一戸建てとの選択におけるバイアスを排除する観点からです。

　このため、「評価乖離率」を求める算式及び「評価水準」に係る「0.6」の値については、一戸建てやマンション市場の変化に応じて、適時見直す必要があり、そして、この見直しは、3年に一度行われる固定資産税評価の見直し時期（2027年、2030年…）に併せて行うことが合理的であると言われています。

　すなわち、分譲マンション一室の相続税評価額は、宅地の「路線価」・

第6章 新しい「マンション評価方法」を詳しく知りたい

建物の「固定資産税評価額」、そして、(3年ごとに改定される場合には)「評価乖離率」を求める算式及び「評価水準」に係る「0.6」等の数値によって変わる、ということになります。

> **コラム** 新しい「マンション評価方法」で評価しても税務上否認されることがある

　新しい「マンション評価方法」では、最新の売買実例価額ではなく、平成30年（2018年）の売買実例価額を基に「評価乖離率」や「区分所有補正率」などを算定しています。これは、足元のマンション市場が、建築資材価格の高騰等による影響を排除しきれない現状にあり、そのような現状を踏まえ、コロナ禍等より前の時期として、平成30年（2018年）の取引事例を採用したそうです。

　ところで、「評価乖離率」を求める算式及び「評価水準」に係る「0.6」等の数値が定期的に見直される予定であることは、前頁でご説明しましたが、現時点においても次の理由等から「市場価格理論値」が実際の時価（市場価格）と著しく乖離している場合も想定されます。このような場合には、たとえ新しい「マンション評価方法」により補正をしても、分譲マンション一室の相続税評価額は、時価（市場価格）と著しく乖離したものとなります。

1．有識者会議の資料によると、時価（市場価格）と従来の相続税評価額の乖離率は、平成30年（2018年）よりも拡大している可能性が高いこと。
2．評価乖離率を算定するための4要素や数値は、地域差を反映せず全国一律であること(注)。
3．評価乖離率を求める算式を踏まえると、評価乖離率が零又は負数となり、相続税評価額が零となる場合も考えられること。
4．原則として3年間は、同一の算式や値を用いるため、その間にマンション市場の大幅な変動があった場合には、対応できないこと。

　そこで、令和6年5月に国税庁から公表された「居住用の区分所有財産の評価に関するQ＆A」では、「評価基本通達の定めによって評価することが著しく不適当と認められる場合には…評価

基本通達6項の定めにより、本通達を適用した価額よりも高い価額により評価することもあります。」と問を設け、解説しています。

つまり、新しい「マンション評価方法」により補正をしても、いわゆる評価通達6項により否認され、鑑定評価等による時価で評価し直される可能性はあるということになります。

また、逆にマンションの市場価格の大幅な下落が、路線価や新しい「マンション評価方法」に反映されていない場合等、通達の定める評価方法によって評価することが適当でないと認められるときには、鑑定評価等の合理的な方法により算定することができるとされています。

(注) 国税庁が令和5年7月から8月に実施したパブリックコメントでは、全国一律としている理由として、①4要素が乖離率に与える傾向に違いはないこと、②地域差を設けても、必ずしも統計的に合理的とならないこと、③地域差の合理的な線引きが困難である上、複雑になること、などを挙げています。

(参考) 第1回有識者会議（R5.1.30）資料より　不動産価格指数の推移

出典：国土交通省　不動産価格指数（住宅）

(参考) 第2回有識者会議(R5.6.1)資料より 相続税評価額と市場価格の乖離の実態

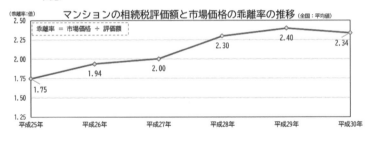

第7章

登記情報を見て、国税庁HPで具体的計算をしたい

第7章では、国税庁HPで公開されている計算ツールを利用するために必要な登記情報の見方を解説します。区分所有補正率（改正後のマンション評価額が従来の相続税評価額の何倍になるか）を求めるには複雑な計算が必要ですが、計算ツールに登記情報の数値を入力すると、自動計算で区分所有補正率を算定してくれます。登記情報が手許にあれば、簡単に計算することができますから、この章の3．国税庁の計算ツール（142ページ）記載の国税庁HPにアクセスして、ご自身のマンションが改正の影響を受けるか否か、評価アップになる場合は何倍になるのかを確かめてみてください。マンションの登記情報がお手許に無い場合は、手数料がかかりますが、法務局または登記情報提供サービスにて取得することができます。

　区分所有建物には、「敷地権が設定されている」マンションと「敷地権が設定されていない」マンションが存在していて、登記情報の記載内容が異なります。それぞれの登記情報の見方は次のとおりです。

敷地権が設定されているマンション

　1983年（昭和58年）以前は区分所有建物の建物と土地の権利はそれぞれの登記に分けて管理されていました。登記が分かれているということは、自身の持っているマンション一室の建物だけを売却することや、土地の持分だけを売却することが可能な状態です。その状態では権利関係がばらばらになって複雑化してしまうため、区分所有法（建物の区分所有等に関する法律）と不動産登記法の改正により1984年（昭和59年）以降は敷地権が設定されるようになりました。敷地権とは、建物と土地を分けて売買することができないように、ひとまとめの権利として登記をしたものです。建物の登記情報に「（敷地権の表示）」と記載されていたら敷地権が設定されていることが分かります。

第7章 登記情報を見て、国税庁HPで具体的計算をしたい

図　登記情報（敷地権の表示）

表　題　部　（敷地権の表示）			
①土地の符号	②敷地権の種類	③　敷　地　権　の　割　合	原因及びその日付〔登記の日付〕
1	所有権	1億分の91247	平成15年4月1日敷地権〔平成15年5月19日〕

　敷地権が設定されている場合は、登記情報からA築年数、B総階数、C所在階、D敷地持分狭小度の計算に必要となる数値を拾い、計算ツールに入力します。

登記情報の項目		計算ツール（入力箇所）	
表題部（専有部分の建物の表示）	原因及びその日付（建築年月日）	A	①築年数
表題部（一棟の建物の表示）	構造	B	②総階数
表題部（専有部分の建物の表示）	床面積	C	④所在階
表題部（専有部分の建物の表示）	床面積	D	⑤専有部分の面積
表題部（敷地権の目的である土地の表示）	地積	D	⑥敷地の面積
表題部（敷地権の表示）	敷地権の割合	D	⑦敷地権の割合

(1)　ケーススタディ「市場価格理論値の6掛け」に追いついていないマンション—評価額アップ

　マンションの建物の登記情報を見て、次の図で示した箇所の数値を使用します。

（①～⑦は計算ツール中の番号）

図　登記情報（一棟の建物の表示）

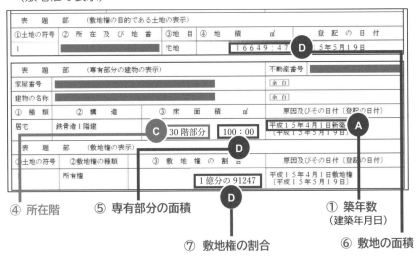

図　登記情報（敷地権の目的である土地の表示）（専有部分の建物の表示）（敷地権の表示）

　この登記情報を基に国税庁HPで公開されている計算ツールに数値を入力すると、自動で区分所有補正率の計算が行われます。入力結果として、計算ツールの「⑩評価乖離率」が「3.091」と計算され、「1.667以上」であり「市場価格理論値の６掛け」に追いついていないマンション（＝評価額アップ）であることが確認できます。そして、「⑫区分所有補正率」には「1.8546」と表示されています。つまり、このマンション一室の建物と土地については「従来の相続税評価額の1.8546倍」が改正後の相続税評価額となります。

第7章 登記情報を見て、国税庁HPで具体的計算をしたい

実際に入力をした計算ツールは次の図のようになります。

図 (居住用の区分所有財産の評価に係る区分所有補正率の計算明細書)

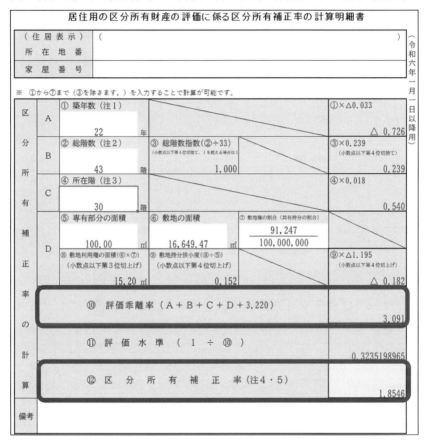

参考までに、計算ツールの中で行われている計算過程は次のとおりです。
(①〜⑨は計算ツール中の番号)

・A築年数
　①築年数22年 × △0.033 ＝ △0.726
　(平成15年4月〜令和6年6月：21年2カ月⇒22年) ※1年未満の端数は1年

- B総階数
  ②総階数43階 ÷ 33 = ③1.000　※1を超える場合（33階以上）は1.000
  ③1.000 × 0.239 = 0.239（小数点以下第4位切捨て）
- C所在階
  ④所在階30階 × 0.018 = 0.540
- D敷地持分狭小度
  ⑥敷地の面積16,649.47㎡ × ⑦敷地権の割合91,247/100,000,000 = ⑧15.20（小数点以下第3位切上げ）
  ⑧15.20 ÷ ⑤専有部分の面積100.00㎡ = ⑨0.152（小数点以下第4位切上げ）
  ⑨0.152 × △1.195 = △0.182（小数点以下第4位切上げ）

評価乖離率　3.220 + A△0.726 + B 0.239 + C 0.540 + D△0.182
= 3.091
区分所有補正率　3.091 × 0.6 = 1.8546

(2) ケーススタディ「市場価格理論値の6掛け」に追いついているマンション—改正の影響なし

2つ目のケーススタディとして、改正の影響がない場合の入力例を見てみましょう。先ほどと同様に、建物の登記情報を見て、次の図で示した箇所の数値を計算ツールに入力します。

図　登記情報（一棟の建物の表示）

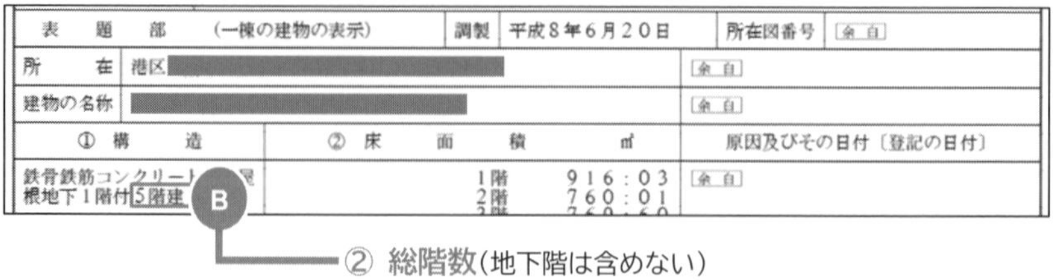

② 総階数(地下階は含めない)

図　登記情報（敷地権の目的である土地の表示）（専有部分の建物の表示）
　　（敷地権の表示）

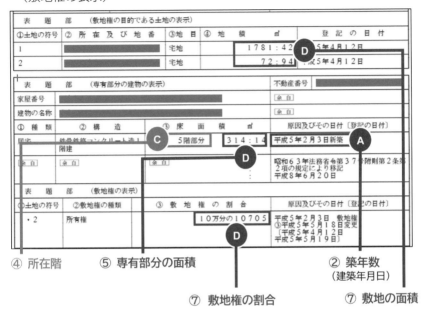

　この登記情報の例では、計算ツールの「⑩評価乖離率」が「1.534」となり、「1～1.666」の値に収まっていて、「市場価格理論値の6掛け」に追いついていることが確認できます。そして、「⑫区分所有補正率」は「補正なし」と表示されます。つまり、このマンションには改正の影響がなく、「従来の相続税評価額」のままであることが分かります。

図 (居住用の区分所有財産の評価に係る区分所有補正率の計算明細書)

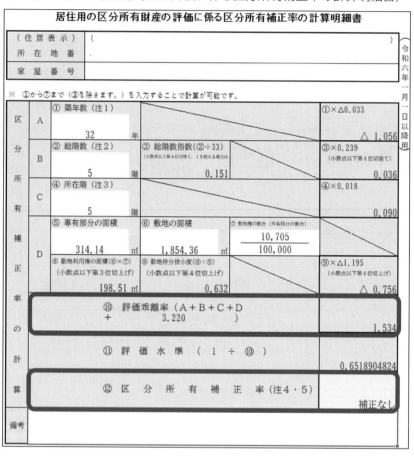

2 敷地権が設定されていないマンション

　敷地権が定められる前の1983年（昭和58年）以前のマンションであっても、区分所有法と不動産登記法の改正にあわせて敷地権を設定したというケースもあり、現在では敷地権が設定されているマンションが多数派となっています。ただし、マンションの管理規約によっては敷地権の設定をしないこともできるため、建物の登記情報に敷地権の表示がない場合があ

ります。

図（敷地権の表示がない登記情報）

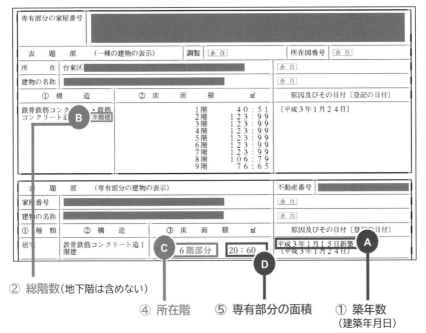

敷地権の設定がされていない場合は、建物の登記情報からは計算ツールの「⑥敷地の面積」と「⑦敷地権の割合」に入力する情報が得られません。代わりに、建物の敷地になっている土地の登記情報等で「敷地の面積」と「敷地の共有持分」の数値を確認して入力しましょう。

土地の登記情報等の項目	計算ツール（入力箇所）
建物の敷地の面積（地積）	D　⑥敷地の面積
敷地の共有持分（所有権に関する事項）	D　⑦敷地権の割合 　　（共有持分の割合）

3 国税庁の計算ツール

　ここまで入力例を解説してきた計算ツール（居住用の区分所有財産の評価に係る区分所有補正率の計算明細書）は、国税庁のHPで公開されています。次のURLまたはアクセス用二次元コードからアクセスをしていただくか、インターネット上で検索すると簡単に利用することができます。

　居住用の区分所有財産の評価に係る区分所有補正率の計算明細書（令和6年1月1日以降用）【計算ツール】
　https://www.nta.go.jp/taxes/tetsuzuki/shinsei/annai/hyoka/annai/1470-17.htm

（アクセス用二次元コード）

第 **8** 章

相続・相続税について やっておきたいこと

第7章までで、今回のマンションの相続税評価方法の改正の影響により、相続税額が大幅に増加してしまうケースがあることをご理解いただけたと思います。過去に相続・相続税対策は実施済みという方も多いと思いますが、今回の改正の影響を受ける場合、改めて対策を見直した方がよさそうです。
　この章では、相続・相続税対策について一般的な説明をした後、今回の改正の影響を受けてやっておきたいことを説明します。

1　最初に現状把握をしましょう

　相続・相続税対策の検討に先立って、最初にしていただきたいのが現状把握です。
　どのような対策が必要であるかは、財産や債務の内容や家族の状況によって変わってきます。現状把握をすることによって、将来どのような問題が生じる可能性があるかも判りますし、どのような対策が必要なのかを判断する際の参考にもなります。
　現状把握は、次の手順で行いますので、順を追ってご説明します。
STEP1：財産と債務の洗い出し
STEP2：相続税額の計算
STEP3：納税財源の確認

(1)　STEP1：財産と債務の洗い出し

　まず、ご自身の財産と債務を洗い出し、財産の評価額を出してみましょう。相続税申告をする場合には、少額な財産も漏れなく洗い出す必要がありますが、試算段階では金額の小さな財産は無視しても問題ありません。また、評価額の計算も万円単位で行えば十分でしょう。
　① 土地
　土地の相続税評価額は、「路線価方式」か「倍率方式」のいずれかの方法により計算します。どちらで評価するかは地域によって決まっており、国税庁のホームページで路線価図を確認すると判ります。
　次ページは、神奈川県横浜市の路線価図です。

第8章 相続・相続税についてやっておきたいこと

　右下の地域は道路に路線価が設定されていますので、「路線価方式」で評価をします。「路線価方式」で評価する場合、評価対象の土地が面している道路に付されている路線価に、土地の面積を乗じて評価します。例えば、道路に200と書いてあった場合、路線価は20万円という意味ですので、200㎡の土地の評価額は20万円 × 200㎡ ＝ 4,000万円となります。なお、共有であれば、さらに持ち分を乗じ、また、マンションの敷地であれば、敷地権の割合を乗じて「敷地利用権」の評価額を求めます（マンションの敷地の相続税評価額の求め方については、10ページを参照ください）。

　相続税の申告をする時は、土地の形状や接している道路との関係、がけ地であるかどうか等、さまざまな要素をもとに評価するのですが、試算段階では全体像を把握することを優先し、ひとまず「路線価 × 面積」で評価をすればよいでしょう。

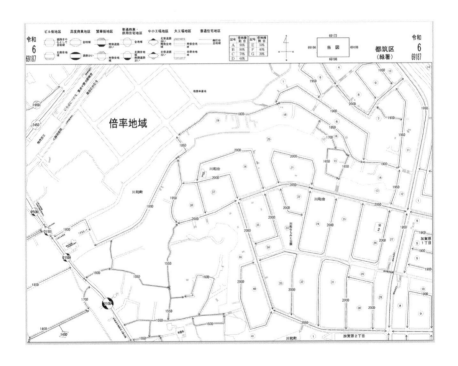

　上記の路線価図の左の地域には、倍率地域と書かれており、路線価の記

載がありません。この地域に土地を持っている場合、「倍率評価方式」で評価額を計算します。倍率評価方式の場合、固定資産税評価額に、地域ごとに定められている倍率（国税庁が公表している倍率表で調べます）を乗じて評価します。例えば、以下の地域に固定資産税評価額500万円の宅地を持っている場合、その宅地の相続税評価額は、500万円 × 1.1 ＝ 550万円となります。

令和6年分　倍率表　　2頁

市区町村名：横浜市都筑区　　　　　　　　　　　　　　　緑税務署

音順	町（丁目）又は大字名	適用地域名	借地権割合	固定資産税評価額に乗ずる倍率等					
				宅地	田	畑	山林	原野	牧場	池沼
			％	倍	倍	倍	倍	倍	倍	倍
お	大棚町	1　特別緑地保全地区					中160		
		2　上記以外の地域	50	1.1	中95	中103	中80		
		市街化区域	－	路線	比準	比準	比準	比準	
	大棚西	全域	－	路線	比準	比準	比準	比準	
	大丸	全域	－	路線	比準	比準	比準	比準	
	折本町	市街化調整区域							
		1　農業振興地域内の農用地区域			純51	純58			
		2　上記以外の地域	50	1.1	中95	中92	中65	中65	
		市街化区域	－	路線	比準	比準	比準	比準	
か	加賀原1・2丁目	全域	－	路線	比準	比準	比準		
	勝田町	市街化調整区域	50	1.2	中95	中107	中76		
		市街化区域	－	路線	比準	比準	比準		
	勝田南1・2丁目	全域	－	路線	比準	比準	比準		
	川向町	市街化調整区域	50	1.1	中96	中159			
		市街化区域	－	路線	比準	比準	比準		
	川和台	全域	－	路線	比準	比準	比準		
	川和町	市街化調整区域							
		1　農業振興地域内の農用地区域			純87				
		2　特別緑地保全地区					中160		
		3　上記以外の地域	**50**	**1.1**	**中95**	**中131**	**中80**		
		市街化区域	－	路線	比準	比準	比準		

以上が土地の相続税評価額の計算方法の概要ですが、路線価図や倍率表

を調べて評価するのは大変そうだと感じた方もいるかもしれません。「あくまでも試算なので、大まかなイメージがつかめればよい」ということであれば、固定資産税の課税明細書（納税通知書）に記載された土地の固定資産税評価額の1.1～1.2倍で見積もっておけばよいでしょう。

　所有している土地が貸地や貸家建付地（貸家の敷地）である場合、上記のように求めた評価額を基に、次のように評価します。

・貸地の評価額 ＝ 路線価方式又は倍率方式で計算した評価額 ×（１ － 借地権割合）
・貸家建付地の評価額 ＝ 路線価方式又は倍率方式で計算した評価額 ×（１ － 借地権割合 × 30％）

　借地権割合も路線価図で調べることができます。道路に付された路線価の最後のアルファベットが借地権割合を示しており、Ｃであれば70％、Ｄであれば60％となります。東京や大阪近郊の場合、住宅地の借地権割合はＤ（60％）であることが多いのですが、名古屋近郊の場合はＥ（50％）であることが多いようです。

　相続税申告の際には、賃貸物件の空室率も加味して貸家建付地の評価額を計算するのですが、試算段階では、空室はないものとして評価しても大きな問題はないでしょう。

　ところで、被相続人等の自宅の敷地や事業の用に供していた宅地、貸付用の宅地については、一定の要件を満たす場合に、その土地の評価額の一定割合を減額する特例（小規模宅地等の評価減）があります。要件が複雑なため、この特例が適用できるか否かの判断は難しいのですが、被相続人の自宅の敷地を配偶者が取得した場合や、同居親族が取得して相続税申告期限まで保有し続けた場合、330㎡を上限に評価額の80％が減額されることは覚えておくとよいでしょう。この特例を受けるためには相続税の申告が必須であることと、原則として、申告期限までに遺産分割が成立していなければ適用できないことには注意してください（小規模宅地等の評価減については、46ページのコラムもご参照ください）。

　② 建物
　建物については、固定資産税の納税通知書に載っている固定資産税評価額が、相続税評価額となります。共有であれば、持ち分を乗じます。

貸家である場合には、「固定資産税評価額×70％」が評価額となります（貸家については、相続税申告の際には空室率も考慮します）。

③　マンション（一室）

上記①で求めた「土地（敷地利用権）」と②で求めた「建物（一室）」の合計額がマンション（一室）の「従来の算式で求めた相続税評価額」です（10ページ）。

その後、今回のマンション評価方法の改正について影響を受けるか否かチェックしてください。

④　現預金

預貯金の直近の通帳残高を評価額と考えればよいでしょう。金庫等に現金を保管している場合には、預貯金の通帳残高に現金の金額を足してください。

なお、家族名義の預金であっても、実質的には本人のものであるとみなされる場合があります。例えば、父が子供の名義で預金口座を開設し、そこに父が自分のお金を預けていたような場合です。子供への贈与であったことが明らかであれば別ですが、子供への説明をせずに口座を作り、通帳やカードを父が管理していたのであれば、そのお金はいつでも父が使える状況ですから、父の預金であるとみなされます。このような預金を「名義預金」といいます。名義預金も相続税の課税対象になりますので、注意してください。

⑤　上場株式・債券・投資信託等

有価証券については、3カ月に1回、証券会社等から取引残高報告書が送付されていると思います。多少のタイムラグはありますが、証券会社等から送られてきた直近の資料に載っている金額を評価額と考えて試算しましょう。なお、インターネットで有価証券の残高を確認できる場合には、その残高を評価額と考えるのがよいでしょう。

⑥　死亡保険金

被相続人が被保険者である死亡保険金で、被相続人が保険料を負担していたものを受け取った場合、相続税の対象になります。

なお、死亡保険金を受け取ったのが相続人である場合、死亡保険金のうち一定金額までは非課税とされます。非課税限度額は、「死亡保険金の非

課税限度額＝500万円×法定相続人の数」で計算します。

　⑦　ゴルフ会員権

　ゴルフ会員権を持っている場合、相続税の課税対象になります。取引相場があるゴルフ会員権の場合、通常の取引価格の70％が評価額となります。取引価格に含まれない預託金等がある場合は、預託金等の評価額を加算します。

　⑧　その他

　貸付金、自動車、家財一式等、財産価値のあるものは全て課税の対象になりますが、相続税の試算段階では、少額のものは考慮しなくてもよいでしょう。書画骨董や高級車・高級家具・コレクション品等の高価な財産がある場合には、別途評価額の見積もりを行います。

　一定期間にわたって年金の受け取りができる生命保険契約等については、年金受給権といって、年金を一定期間受け取ることができる権利が相続財産になります。保険証券や契約時の設計書を見ると、途中解約した場合の解約返戻金の目安が載っていますので、その金額を評価額と考えて、相続税の試算をするとよいでしょう。

　⑨　借入金、未払金など

　相続税申告をする際には、固定資産税や社会保険料の未払金等の有無を調べ、その金額を計上します。相続税の試算段階では、借入金（ただし、団体信用生命保険付きのマイホームローンは除く）等、金額が大きいものだけ考慮すれば充分です。

　⑩　葬式費用

　相続税の計算上、お通夜や葬式代、ご遺体の搬送費用等を葬式費用として控除できます。試算段階では、葬儀費用やお布施等がいくらくらいかかりそうか、おおよその金額を見積もります。なお、香典返しや法要費用、墓石購入費用等は控除できません。

　⑪　暦年課税制度の贈与財産

　相続財産を取得する人が、相続開始前3年以内（2027年1月以後の相続開始については加算期間が順次延長され、最終的に7年になります）に被相続人から暦年課税制度による贈与を受けている場合、その贈与により取得した財産の贈与税評価額を、相続税の課税価格に加算します。これを生

前贈与加算といいます。なお、支払った贈与税額は相続税の計算上、控除します。試算段階では、この暦年贈与については考慮に入れなくてもよいでしょう。

⑫　相続時精算課税制度の贈与財産

相続時精算課税制度を選択して被相続人から贈与を受けた人がいる場合には、選択した年以降の被相続人からの贈与について、贈与税評価額の合計金額を相続税の課税価格に加算します。なお、支払った贈与税は、相続税の計算上控除します。既に相続時精算課税を選択して贈与している場合は、その贈与金額合計を資産に加えてください。

財産と債務の評価額を計算したら、下記の表に記載をして、財産債務の合計額を確認しましょう。

	財産債務の種類等	金　額
①	土地	万円
	【小規模宅地等の評価減】	▲　　万円
②	建物	万円
③	マンション	万円
④	現預金	万円
⑤	上場株式・公社債・投資信託等	万円
⑥	死亡保険金	万円
	【死亡保険金の非課税金額】	▲　　万円
⑦	ゴルフ会員権	万円
⑧	その他	万円
⑨	借入金・未払金など	▲　　万円
⑩	葬式費用	▲　　万円
⑪	暦年課税の贈与金額	万円
⑫	相続時精算課税の贈与金額	万円
①〜⑫の差引計	財産債務の合計額（課税価格の合計額）	万円

(2) STEP 2：相続税額の計算

　財産と債務の合計額の計算が終わったら、次の手順で相続税を計算してみましょう。

　① 課税遺産総額の計算

　財産債務の合計額（課税価格の合計額）から基礎控除額を差し引いて、課税遺産総額を計算します。基礎控除額は、次の算式で計算します。

基礎控除額 = 3,000万円 + 600万円 × 法定相続人の数

基礎控除額の早見表

法定相続人の数	基礎控除額	法定相続人の数	基礎控除額
0人	3,000万円	3人	4,800万円
1人	3,600万円	4人	5,400万円
2人	4,200万円	5人	6,000万円

　課税価格の合計額が基礎控除額よりも少なければ、相続税はかかりません。課税価格の合計額が基礎控除額を超える場合には、その超える部分（課税遺産総額）に対して相続税がかかります。

　② 「相続税の総額」の計算

　「相続税の総額」は次のように計算します。

　まず、課税遺産総額を法定相続人が法定相続分通りに分けたものと仮定をして、各人の取得金額を計算します。その取得金額に税率をかけて、各人ごとの相続税額を計算します。各人ごとの相続税額を計算できたら、それらを合計したものが「相続税の総額」です。

＜相続税の税率速算表＞

各人の取得金額	税率	控除額
1,000万円以下	10%	―
1,000万円超　3,000万円以下	15%	50万円
3,000万円超　5,000万円以下	20%	200万円
5,000万円超　1億円以下	30%	700万円

1億円超	2億円以下	40%	1,700万円
2億円超	3億円以下	45%	2,700万円
3億円超	6億円以下	50%	4,200万円
6億円超		55%	7,200万円

　例えば、課税価格の合計額が2億円で、相続人が妻と長男・長女の計3人である場合、次のようになります。
　課税価格の合計額2億円 － 基礎控除額4,800万円 ＝ 課税遺産総額1億5,200万円
　妻（法定相続分1/2）の相続税額
　　・取得金額 ＝ 1億5,200万円 × 1/2（法定相続分）＝ 7,600万円
　　・相続税額 ＝ 7,600万円 × 30% － 700万円 ＝ 1,580万円
　長男（法定相続分1/4）の相続税額
　　・取得金額 ＝ 1億5,200万円 × 1/4（法定相続分）＝ 3,800万円
　　・相続税額3,800万円 × 20% － 200万円 ＝ 560万円
　長女（法定相続分1/4）の相続税額
　　・取得金額 ＝ 1億5,200万円 × 1/4（法定相続分）＝ 3,800万円
　　・相続税額3,800万円 × 20% － 200万円 ＝ 560万円
　相続税の総額 ＝ 1,580万円 ＋ 560万円 ＋ 560万円 ＝ 2,700万円
　③　各人の納税額の計算
　相続税の総額が計算できたら、各人が実際に取得する財産債務の価額の割合を相続税の総額に乗じて、各人の納付税額を計算します。
　上記②のケースで、妻が全体の1/2、長男が2/6、長女が1/6の財産を取得したとすると、各人の納税額は次のようになります。
　妻：2,700万円 × 1/2＝1,350万円
　長男：2,700万円 × 2/6＝900万円
　長女：2,700万円 × 1/6＝450万円
　なお、配偶者には「配偶者の税額軽減」という特例があり、配偶者が取得する遺産のうち「1億6,000万円」と「配偶者の法定相続分相当額」のいずれか多い金額に対応する相続税は免除されます。したがって、配偶者が法定相続分通りに財産を取得すれば、配偶者の相続税は全額免除されま

す。
　上記のケースでは、妻が法定相続分通りに財産を取得していますので、妻の相続税額1,350万円は全額免除となります。結果として、長男と長女だけが納税することとなり、納付税額の合計額は1,350万円となります。

コラム 「相続税額早見表」の見方

　相続税額の計算は少々複雑ですので、相続税額早見表を使ってイメージをつかむ方が簡単です。
　夫の相続財産（財産 − 債務）が２億円で、相続人が妻と子供２人である場合に、夫→妻の順に相続が発生した時、相続税はいくらかかるのでしょうか。夫の相続（１次相続）と妻の相続（２次相続）の相続税額を、相続税額早見表で確認しましょう。

① 　１次相続（夫の相続時）の相続税
　　夫の相続財産の額（財産 − 債務）が２億円で、相続人が妻と子供２人だった場合、早見表の「財産債務の合計額：２億円」の行と、「配偶者あり：子供２人」の列がぶつかったところを見ます。「1,350万円」とあります。これは、支払う相続税額が1,350万円ということです。つまり遺産分割で配偶者が１／２（法定相続分）の財産を相続して税額免除の適用を受け、残りの１／２の財産を相続した子供２人が納める相続税の合計が1,350万円ということです。

② 　２次相続（妻の相続時）の相続税
　　妻の相続財産が、夫から相続した１億円だけであった場合、早見表の「財産債務の合計額：１億円」の行と、「配偶者なし：子供２人」の列がぶつかったところを見ると「770万円」とあります。これは支払う相続税額が770万円ということですが、つまり子供２人が納める相続税の合計が770万円ということです。

③ 　１次相続と２次相続の合計額
　　１次相続の相続税は1,350万円、２次相続の相続税は770万円ですので、合計で2,120万円となります。
　夫婦とも健在で、妻があまり財産を持っていない場合、夫の相続税額だけを試算する方が多いのですが、夫から財産を引き継いだ妻の相続税額が、想像以上に多くなることがあります。

第8章 相続・相続税についてやっておきたいこと

ですので、できれば１次相続時の相続税額だけではなく、２次相続についても相続税額を確認しておくことをおすすめします。

相続税額の早見表

(単位：万円)

財産債務の合計額	配偶者あり（※）			配偶者なし		
	子１人	子２人	子３人	子１人	子２人	子３人
4,000万円	0	0	0	40	0	0
5,000万円	40	10	0	160	80	20
6,000万円	90	60	30	310	180	120
7,000万円	160	113	80	480	320	220
8,000万円	235	175	137	680	470	330
9,000万円	310	240	200	920	620	480
１億円	385	315	263	1,220	770	630
１億1,000万円	480	393	325	1,520	960	780
１億2,000万円	580	480	403	1,820	1,160	930
１億3,000万円	680	568	490	2,120	1,360	1,080
１億4,000万円	780	655	578	2,460	1,560	1,240
１億5,000万円	920	748	665	2,860	1,840	1,440
１億6,000万円	1,070	860	768	3,260	2,140	1,640
１億7,000万円	1,220	975	880	3,660	2,440	1,840
１億8,000万円	1,370	1,100	993	4,060	2,740	2,040
１億9,000万円	1,520	1,225	1,105	4,460	3,040	2,240
２億円	1,670	1,350	1,218	4,860	3,340	2,460
２億5,000万円	2,460	1,985	1,800	6,930	4,920	3,960
３億円	3,460	2,860	2,540	9,180	6,920	5,460
４億円	5,460	4,610	4,155	14,000	10,920	8,980
５億円	7,605	6,555	5,963	19,000	15,210	12,980
10億円	19,750	17,810	16,635	45,820	39,500	35,000

※配偶者が法定相続分を相続し、配偶者の税額軽減を適用しています。

なお、相続人が被相続人の親や兄弟である場合、この早見表は使えません。

(3) STEP 3：納税財源の確認

　相続税がかかることが分かった場合、家族が一番心配するのは、納税資金が足りているかどうかです。

　相続税の納付方法の原則は、現金による一括納付です。延納（分割払い）や物納（現金ではなく、相続財産そのものでの納税）という納付方法もありますが、いずれも要件が厳しいため、最初から延納や物納を前提にするのはおすすめできません。

　したがって、相続税額の試算をしたら、現預金や死亡保険金、有価証券といった比較的現金化が容易な資産（納税財源）の合計額と、相続税額のどちらが多いのかを確認しましょう。

　現金化が容易な資産が相続税額を上回っていれば安心です。しかし、相続税額の方が多い場合、将来不動産等を売却しなければならないかもしれません。不動産等を売却する場合、生前に売却するのと相続発生後に売却するのとでは、売却益に対する税負担が異なる可能性があります。一方、売却価額も時期により大きく変動します。したがって、課税関係と売却可能価額とを総合的に考慮して、売却時期を決めましょう。

　ところで、しばしば見落とされるのが、「納税財源は各人ごとに準備しなければならない」ということです。例えば、亡くなった人の相続財産に含まれる預金が3,000万円で、相続税の総額が2,000万円だったとすると、納税財源は足りているように見えます。しかし、相続人のうち長男が不動産だけを相続する場合、長男は納税財源が足りず、納税に苦労します。したがって、財産の分け方を考える際には、全体として納税財源が足りているかどうかを確認するだけではなく、実際の遺産分割を想定した上で、各人ごとに納税財源が足りているかを確認しなければなりません。

2　自分のために残す財産

　現状把握が終わったら、次に考えたいのは、今後の生活に必要な資金（すなわち、自分のために残す財産）です。

　老後の資金として必要な資金もありますし、これからの生活を大いに楽しむための資金も大切です。社会貢献のため寄付や遺贈をしたいという方

第8章　相続・相続税についてやっておきたいこと

もいらっしゃるでしょう。

　一番優先すべきなのは、ご自身が安心して生活するのに充分な資金を確保しておくことです。内閣府が令和元年度に、60歳以上の高齢者に対して行った経済生活に関する調査によれば、これからの生活に必要な貯蓄額（配偶者と同居している場合は、夫婦の貯蓄額の合計）は、「2,000万円以上は必要」と回答した人が全体の約１/３で最も多く、次いで「1,000万円〜2,000万円くらいは必要」、「500万円〜1,000万円くらいは必要」と続いています。

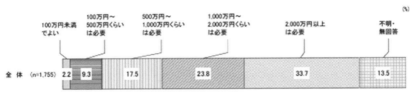

出典：内閣府「令和元年度　高齢者の経済生活に関する調査」

　将来、老人ホームなどの施設への入居を考えている人もいるでしょう。施設に入居することになった場合、入居一時金の支払いが必要になることがあります。入居一時金の金額は、施設によって大きく異なっており、入居一時金がかからないところもあれば、数千万円〜１億円以上かかるところもあるようです。入居一時金が高額な場合、自宅を売却して、売却代金を入居一時金に充てる、という方も少なくありません。

　ご自身が安心して暮らすためにどれくらいの資金が必要か、将来、所有不動産を売却する可能性があるか等、イメージをつかみましょう。

3　家族に残す財産
〜贈与で渡すか、相続で渡すか〜

　今後の生活に必要な資金や財産のイメージをつかんだら、家族に残す資産についての検討をします。家族の状況や、過去に家族に対して行った生

活支援や贈与などを考慮し、誰に何をどれくらい残すのかを考えます。その際、相続分や遺留分も意識しましょう。

家族に残す財産については、財産を渡す時期（贈与か相続か）の検討も重要です。

(1) **家族への贈与**

一度贈与してしまうと、基本的には返してもらうことはできません。したがって、その後の生活費が不安になるほど多額の贈与をするのはやめましょう。生前贈与をする場合、余裕資金の範囲内で行うことをおすすめします。

贈与をした場合、財産を受け取った人に贈与税がかかります。贈与税の計算方法には、「暦年課税制度」と「相続時精算課税制度」の2つがあり、どちらかを選択することになっています。

(2) **遺言を作成するか**

財産の分割についての思いを家族に伝えるためには、遺言の作成が有効です。「家族は非常に仲がいいので、遺言は必要ない」という方も多いのですが、お子様に話を聞いてみると「遺言を残してくれると、兄弟で遺産分割についての話し合いをしなくて済むので有難い」「相続手続きを円滑に進めるため、遺言を作っておいてほしい」という方は少なくありません。相続人が1人だけであれば遺言は不要かもしれませんが、複数いる場合は、遺言を作成するかどうか、一度は検討してみてください。

4 今回の改正の影響を受けてやるべきことがあるか？

今回の改正により、お持ちのマンションの相続税評価額が上がり、その結果、相続税の納税見込額が増加する場合、過去に行った対策の見直しをしましょう。

(1) **相続税の納税財源の確認**

改正の影響により相続税額の納税見込額が増えたとしても、納税財源が

十分にあるなら大きな問題はありません。納税財源が不足しそうな場合には、次のような対策が有効であるか、検討してみてください。
① 遺産分割の内容の変更をする
② 死亡保険金の受取人を変更する
③ 財産の一部（不動産他）を生前に現金化する
④ 延納や物納での納税ができるよう事前準備をする

(2) **遺言の見直し**

　すでに遺言を作成している場合、作成時に、各相続人が取得する財産の価額がアンバランスにならないよう配慮をした人が多いと思います。今回の改正の影響で、お持ちのマンションの相続税評価額が上がった場合、相続税評価額をベースに考えると、各相続人が取得する財産の価額のバランスは、当初遺言を作成した時点とは変わってしまったはずです。したがって、どの程度バランスが悪くなったのかを確認し、財産の分け方を変更する必要がある場合には、遺言の見直しをしなければなりません。

　ただし、今回の改正により、それぞれの不動産の取引価格自体が変わるわけではありません。相続税評価額ベースではアンバランスになっていたとしても、取引価格ベースではバランスが取れているという可能性もあります。相続税評価額と取引価格のどちらをベースに遺産分割を考えるのかは、人それぞれです。もともと取引価格ベースで考えていた場合、遺産分割バランスは大きく崩れていないかもしれませんが、相続税の納税見込額は、当初の遺言作成時と変わっている可能性があります。納税見込額の増加が少額であれば、遺言の見直しをしなくてもよいかもしれませんが、納税見込額が百万円以上増加するような場合には、遺言を見直すべきかどうか検討した方がよいでしょう。

コラム タワーマンションに関する固定資産税の改正（2017年度改正）

　2017年度税制改正において、いわゆるタワーマンションの固定資産税の計算方法が変更されました。取引時価が高い高層階の固定資産税が高くなります。

　改正前は、マンション1棟あたりの固定資産税を、各区分所有者の専有床面積で按分して固定資産税を計算していました。この方法だと、所有しているマンションの床面積が同じであれば、高層階でも低層階でも固定資産税額は同じでした。

＜改正前＞

$$\text{各住戸の税額} = 1\text{棟あたりの固定資産税額} \times \frac{\text{各住戸の専有床面積}}{\text{専有床面積の合計}}$$

　一方、高層階の取引価格は、低層階に比べてかなり高いのが一般的です。このため、高層階と低層階との価格差が固定資産税の税額に反映されておらず、納税者に不公平感があると問題視されていました。

　このため、2017年度の税制改正で、タワーマンションの固定資産税の計算方法が変更されました。具体的には、高さ60mを超える居住用建築物のうち、複数の階に住戸が所在しているもの、いわゆるタワーマンションを対象とし、固定資産税額を按分する基準となる各専有部分の床面積を「階層別専有床面積補正率」により補正することにより、高層階になるほど固定資産税の税額が高くなるように見直すというものです。

<改正後>

$$\text{各住戸の税額} = \text{1棟あたりの固定資産税額} \times \frac{\text{各住戸の専有床面積} \times \text{階層別専有床面積補正率}}{\text{専有床面積（補正後）の合計}}$$

「階層別専有床面積補正率」とは、階層が1階上がるごとに税額の按分の基となる床面積が約0.26％大きくなるように設定された補正率をいいます。1階の補正率を100として、階が増すごとに約0.26％ずつ増えていき、40階の補正率は110となります。1棟あたりの固定資産税の総額は変わりませんが、高層階では増税、低層階では減税になります。

この改正の対象になったのは、2017年1月2日以後に新築されたタワーマンションで、高さが60mを超えるものに限られています。したがって、2017年1月1日以前に建てられたマンションや、高さ60m以下（おおむね20階以下）のマンションは対象外です。

ところで、この改正は、固定資産税額の按分についての見直しであって、固定資産税評価額に関する見直しではありません。つまり、相続税の評価について直接影響を与えるものではありません。

第9章

非上場会社株式の相続税評価への影響

第8章までは、今回のマンションの評価方法の改正はどのような改正なのか、また、どんな影響があるのかについて、お話ししてきました。最後にこの章では、非上場会社の株式を評価する際の影響について考えてみます。

　端的に言いますと、評価の対象となる非上場会社が、マンションを所有している場合も今回の改正が影響します。今回の改正を受けて非上場会社株式の評価額が上がるようなケースとは、オーナー経営者等が有する自社株式を「純資産価額方式」により評価する場合です。

 オーナー経営者等が有する自社株式の評価額「純資産価額方式」に影響する

　相続税法において、非上場会社株式の評価額を算出する方法は、以下の3つです。

　このうち、今回のマンション評価方法の改正が影響するのは、「純資産価額方式」により株価を算定する場合です。それ以外の「類似業種比準価額方式」や「配当還元方式」で評価する場合には影響しません。3つの評価方法と今回のマンション評価の改正の有無を確認しておきます。

(1)　「純資産価額方式」

　会社の資産と負債をすべて相続税法上の評価額に洗い替えて、会社の時価純資産価額を算出する方法です。会社の資産を全て相続税評価額で処分（売却）して、売却利益（含み益）にかかる法人税等の税金を支払い、負債を返済し、その残金を会社の発行済み株式の数で割ったものが、1株当たりの評価額である、と考える方法です。会社が不動産を所有していれば、この不動産を相続税法上の評価額に評価し直しますので、会社が、いわゆる分譲マンションの一室を保有している場合には、今回のマンション評価の改正の影響を受けることになります。

　ただし、例えば、会社がマンションを1棟で保有しているようなケースでは、区分登記されていない1棟保有のマンションが今回の改正の対象ではないため（97ページ）、純資産価額方式で株式を評価しても改正の影響

はありません。

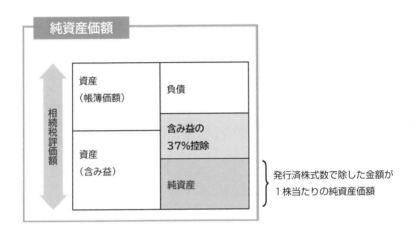

(2) 「類似業種比準価額方式」

「類似業種比準価額方式」では、国税庁が一定の条件のもとに、サンプルとして抽出した上場会社の実際の株価を基に①配当金、②利益金額、③簿価純資産価額の3要素を抽出し、これらの3要素と、非上場である評価対象会社におけるこれらの3要素を比較して、株式の評価額を算出する方法です。これら3要素において、非上場会社の有する資産を相続税法上の評価額に引き直すことはしませんので、今回の改正は影響しません。

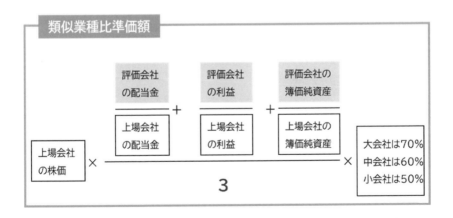

(3) 「配当還元方式」

　評価対象会社の直前期末2年間の年平均配当金額を基にして計算する方法です。

　会社の配当金のみを指標としますので、この算出方法においても、会社の所有する資産を相続税法上の評価額に洗い替えする必要はなく、今回のマンション評価の改正は影響しません。

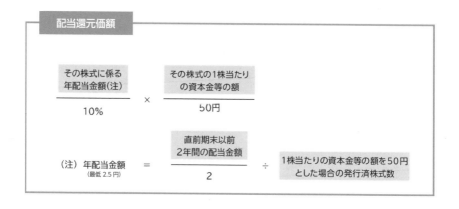

2　マンション評価の改正を受けて、気を付けるべきこと、やるべきこと

(1) 資産管理会社やファミリーカンパニーでマンションを保有している場合には、マンション評価の改正を加味した会社の株式の評価額を確認すること

　会社の株式を純資産価額方式により評価する非上場会社には、いわゆるオーナー経営者の資産管理会社やファミリーカンパニーなどが多くあてはまるかと思います。特に、不動産オーナーが不動産を法人形態で保有している場合や、上場企業のオーナーが上場株式を、資産管理会社を通じて保有している場合など、富裕層の間では、資産管理会社を活用する動きが多く見られます。高級なマンションを資産管理会社で保有しているケースも少なくありません。今回のマンション評価の改正が会社の株式の評価額にどの程度影響するのか、一度、改正後のマンション評価による会社の株価

を算出してみましょう。

(2) 今後の贈与計画への影響を確認すること

今回のマンション評価の改正は、2024年1月の贈与から影響します。例えば、当該資産管理会社の株式を十数年間にわたって家族間で贈与していくような計画をお持ちでいらっしゃる場合、今後の贈与計画に変更は必要ないかどうかを、先に確認しておくことが必要です。

(3) これから会社でマンション購入を考える場合には、今回のマンション評価の影響を先に確認

資産管理会社やファミリーカンパニーでこれからマンションを購入する際には、そのマンションが今回の改正の影響を受ける物件かどうかも、事前に検討しておきましょう。

第5章でご説明した通り、今回のマンション評価の改正は、マンションであっても、対象となるケースとならないケースがあります。また、改正の対象となるマンションでも市場価格理論値の6掛けに追いついているため評価額に影響のないものもあります（25ページ）。改正の影響を受ける可能性があるマンションについては、購入を検討したいマンションの登記簿謄本を手に国税庁のホームページで公表されているツールを利用することで、従来の相続税評価額のおおよそ何倍で評価されるのか、比較的簡単に計算することができます。

そして、不動産オーナーは、同じ投資額であってもマンションをまるごと一棟買いするのか、マンションの一室を数個買うのか（分散投資するのか）など、将来の株価にどう影響するのかも比較しつつ、マンション購入を検討するとよいでしょう。

◆編著者一覧

はじめに

第1章 どうして「マンション」の相続税評価方法が改正されたの？
　　　　　山田コンサルティンググループ株式会社　税理士　布施麻記子

第2章 新しい「マンション評価方法」をざっくり理解しよう
　　　　　山田コンサルティンググループ株式会社　税理士　布施麻記子

第3章 いろいろなマンションの具体的事例で影響をみたい
　　　　　　　　　　税理士法人山田＆パートナーズ　田村亮介

第4章 全国のマンションの具体的事例で影響をみたい
　　　　　　　　税理士法人山田＆パートナーズ　税理士　鶴田由美子

札幌	Y＆P札幌事務所	税理士	三嶋秀鷹
盛岡	Y＆P盛岡事務所	税理士	佐藤友樹
仙台	Y＆P仙台事務所		但木由利子
大宮	Y＆P北関東事務所		山口久美子
横浜	Y＆P横浜事務所	税理士	永見綾子
新潟	Y＆P新潟事務所	税理士	齋木航
金沢	Y＆P金沢事務所	税理士	北方隆史
長野	Y＆P長野事務所	税理士	村田章浩
静岡	Y＆P静岡事務所	税理士	中山喬博
名古屋	Y＆P名古屋事務所	税理士	宮地佑佳
京都	Y＆P京都事務所	税理士	永谷昌之
大阪	Y＆P大阪事務所	税理士	後藤美輪
神戸	Y＆P神戸事務所	税理士	山田知佳
			物袋充
広島	Y＆P広島事務所	税理士	池田栄治
高松	Y＆P高松事務所	税理士	太田雄介
松山	Y＆P松山事務所	税理士	奥山啓彦
福岡	Y＆P福岡事務所		南里征興
熊本	Y＆P南九州事務所	税理士	川﨑恭平
鹿児島	Y＆P鹿児島事務所	税理士	朝大樹
		税理士	高橋良介

コラム　タワマンの歴史
　　　　　　　　　　　　山田コンサルティンググループ株式会社
　　　　　　　　　　　不動産コンサルティング事業本部　宮尾啓子
コラム　地方におけるタワーマンション事情
　　　　　　　　　　　　山田コンサルティンググループ株式会社
　　　　　　　　　　　不動産コンサルティング事業本部　長谷川靖
コラム　マンション相続税評価方法改正と都市部マンション市況
　　　　　　　　　　　　山田コンサルティンググループ株式会社
　　　　　　　　　　　不動産コンサルティング事業本部　溝口哲朗
コラム　これからのタワーマンション投資
　　　　　　　　　　　　山田コンサルティンググループ株式会社
　　　　　　　　　　　不動産コンサルティング事業本部　土恵一
第5章　今回のマンション評価方法の改正の対象とならないマンション
　　　　　　　　　税理士法人山田＆パートナーズ　税理士　河村美佳
第6章　新しい「マンション評価方法」を詳しく知りたい
　　　　　　　　　税理士法人山田＆パートナーズ　税理士　荒川勝彦
第7章　登記情報を見て、国税庁HPで具体的計算をしたい
　　　　　　　　　税理士法人山田＆パートナーズ　田村亮介
第8章　相続・相続税についてやっておきたいこと
　　　　　　　　　税理士法人山田＆パートナーズ　税理士　浅川典子
第9章　非上場会社株式の相続税評価への影響
　　　　　　　　　税理士法人山田＆パートナーズ　税理士　田場万優

「マンションの相続税評価」改正ハンドブック

令和 6 年10月31日　初版印刷
令和 6 年11月19日　初版発行

不許複製

編著者　税理士法人山田＆パートナーズ
　　　　山田コンサルティンググループ㈱

　　　　　　　（一財）大蔵財務協会　理事長
発行者　木　村　幸　俊

発行所　一般財団法人　大蔵財務協会
　　　　〔郵便番号 130-8585〕
　　　　東京都墨田区東駒形1丁目14番1号
　　　　（販　売　部）TEL03(3829)4141・FAX03(3829)4001
　　　　（出版編集部）TEL03(3829)4142・FAX03(3829)4005
　　　　https://www.zaikyo.or.jp

乱丁・落丁はお取替えいたします。　　　　　印刷　三松堂㈱
ISBN978-4-7547-3247-9